Praxisratgeber der Akademie für Kindergarten, Kita und Hort

Portfolio, Lerngeschichten & Co.

Entwicklungsschritte von Kita-Kindern erkennen, sichtbar machen und dokumentieren

Melanie Gräßer · Eike Hovermann (Herausgeber)
Verena Heringer

Klett Kita

Impressum

ISBN: 978-3-96046-077-0
Portfolio, Lerngeschichten & Co.
Entwicklungsschritte von Kita-Kindern erkennen, sichtbar machen und dokumentieren

Klett Kita GmbH
Rotebühlstr. 77
70178 Stuttgart
Internet: www.klett-kita.de

Projektleitung und Redaktion:	Verena Ivanowitsch
Herausgeber:	Melanie Gräßer, Eike Hovermann
Autoren:	Melanie Gräßer, Eike Hovermann, Verena Heringer
Illustration:	Alexandra Junge
Lektorat:	Nicole Woratz
Umschlaggestaltung:	DOPPELPUNKT, Stuttgart
Gestaltung und Satz Innenteil:	ISM Satz- und Reprostudio GmbH, München
Druck:	Paper & Tinta, Nadma

Gedruckt auf chlorfrei gebleichtem Papier.

Aus Gründen der besseren Lesbarkeit wird in diesem Buch durchgehend die weibliche grammatische Form verwendet. Männliche Leser und Erzieher mögen uns dies verzeihen und sich bitte ebenfalls angesprochen fühlen.

Bibliografische Information der Deutschen Nationalbibliothek. Die Deutsche Nationalbibliothek verzeichnet diese Publikation in der Deutschen Nationalbibliografie. Detaillierte bibliografische Daten sind im Internet über http://dnb.d-nb.de abrufbar.

4. Auflage

Bildnachweis: Gettyimages.com
S. 6: Fernow | S. 8: Imgorthand | S. 9: Kinzie Riehm | S. 10: sborisov | S. 11: PeopleImages | S. 13: alvarez | S. 14: Voyagerix | S. 16: SensorSpot | S. 17: yaruta | S. 19: Zero Creatives | S. 20: JLPH | S. 21: gerenme | S. 22: Image Source | S. 26: Michael Burrell | S. 29: phollapat cheechang | S. 31: Juanmonino | S. 32: ThitareeSarmkasat | S. 36: Image Source| S. 40: Richard Drury | S. 42: dmbaker | S. 45: monkeybusinessimages | S. 47: tomluddington | S. 48: Adam Hester | S. 49: real444, Ben Bloom | S. 50: Larineb | S. 51: Pinkybird | S. 52: Imgorthand | S. 54: fatihhoca | S. 56: Siri Stafford | S. 59: missbobbit | S. 62: energyy | S. 64: filadendron | S. 66: Juanmonino| S. 67: Stephen W. Morris S. 68: christopherarndt | S. 68/69: skynesher | S. 70: RonTech2000 | S. 72: Bread and Butter Productions | S. 72/73: altanaka | S. 74: Michael H | S. 75: Henrik Sorensen | S. 82: calvindex | S. 87: fonikum

Bildnachweis Coverfoto: Gettyimages.com/Adam Hester

Inhalt

Vorwort

Portfolios, Lerngeschichten & Co. – Bildungsdokumentationen sollen die individuelle Entwicklung und Bildung eines jeden Kindes beschreiben und somit „sichtbar" machen. Sie sind eine der wertvollsten Grundlagen Ihres pädagogischen Handelns. Der ständige wachsame Blick und der Griff zu Stift und Papier können zugleich eine große Herausforderung sein, der Sie sich unter Zeitdruck und bei Personalmangel stellen müssen. Nicht selten hören wir dann: Wie soll ich das noch alles schaffen? Mit unserem Praxisratgeber erhalten Sie das notwendige Rüstzeug dazu.

Mit Verena Heringer haben wir eine der besten Trainerinnen der Kindergartenakademie als Autorin gewinnen können. Sie vermittelt Ihnen aus ihrer langjährigen Erfahrung die wichtigsten Informationen, mit denen Sie Entwicklungsschritte entdecken, sichtbar machen und diese dann richtig dokumentieren können. Gleichzeitig erfahren Sie viele konkrete Tipps und Tricks, die Sie an Ihrem nächsten Arbeitstag direkt in die Praxis umsetzen können.

Ein Schwerpunkt dieses Buchs liegt in der wertschätzenden Beobachtung und der Schärfung Ihres Blickes. Sie erhalten einen umfangreichen Einblick in die Entwicklungsdokumentation in Form eines guten Portfolios. Und Sie erfahren, wie Sie den dialogischen Austausch mit Kindern, Eltern und Kolleginnen in der Beobachtung und Dokumentation einsetzen können.

Dieser Praxisratgeber wird Ihnen eine echte Hilfe, wertvolle Begleitung und sicher auch später noch ein Nachschlagewerk bei vielen Fragen rund um die Dokumentation von Bildungsprozessen sein. Nutzen Sie außerdem die zahlreichen Portfolio-Vorlagen sowie Checklisten und Reflexionsbögen, die Sie am Ende des Buches finden. Sie sollen Ihnen eine Arbeitserleichterung im Alltag sein und zu einer gelingenden Bildungsarbeit verhelfen.

Wir wünschen Ihnen gutes Gelingen!

Melanie Gräßer und Eike Hovermann

Portfolios, Lerngeschichten & Co.

Treue Wegbegleiter und Meilensteinsammler

Wie verlief die Eingewöhnung des Kindes? Welche Lernschritte ist es gegangen? Was mag das Kind? Was kann es gut? – Portfolios und Lerngeschichten sind ganz persönliche Meilensteinsammler. Hier darf und soll alles festgehalten werden, was den Entwicklungsprozess des Kindes dokumentiert. So kann jedes Kind am Ende seiner Kita-Zeit mit Stolz zurückblicken und die eigene Entwicklung noch einmal betrachten. Das macht selbstbewusst und stark!

Warum Beobachtung und Dokumentation so wichtig sind

Der Griff zum Stift lohnt sich

Zu Beginn möchten wir Sie zu folgender Überlegung einladen:

Gehen Sie einmal zurück in Ihre eigene Kindheit und versuchen Sie, sich zu erinnern:

- Wann haben Sie als Kind etwas Wunderbares aus eigenem Antrieb gelernt?
- Wie haben Sie sich gefühlt? Waren Sie stolz auf diesen Erfolg?
- Erinnern Sie sich noch, wie die Reaktion der anderen war?
- Wurden Sie gelobt, haben die anderen Ihren Erfolg gewürdigt, sich mit Ihnen gefreut?
- Oder hat es niemand bemerkt?

Kinder sind wissbegierig, nutzen die unterschiedlichsten Lerngelegenheiten, erforschen und erkunden Dinge und Zusammenhänge.

Kinder entwickeln ein Bild von sich selbst, sind soziale Wesen. Sie werden selbstständig, verfolgen ihre Fragestellungen und gestalten dadurch ihre individuellen Entwicklungsprozesse.

Wer Kinder beobachtet, merkt, wie sie sich ihre Welt mit all ihren Sinnen erobern, sich ein Bild nach ihrer ganz eigenen Logik konstruieren. Dies kann ihnen kein Erwachsener vorgeben. Schon Einstein wusste: „Lernen ist Erfahrung. Alles andere ist einfach nur Information."

Bildung wird dabei als Selbstbildung verstanden. Wenn Bildung Selbstbildung ist, muss ein Außenstehender erkennen und wahrnehmen, wie dieser individuelle Prozess verläuft. Dazu benötigen Sie als pädagogische Fachkraft eine neugierige, wissbegierige Haltung, um Kinder verstehen zu können.

Der pädagogische Wandel

Das pädagogische Handeln in Kindertageseinrichtungen hat sich in den letzten Jahren massiv verändert. Erwachsene bestimmen nicht mehr, was Kinder lernen und wie sie sich entwickeln sollen. Pädagogische Fachkräfte haben heutzutage den Auftrag die individuelle Entwicklung der Kinder zu unterstützen und somit deren ganz eigene Bildungsbiografie zu ermöglichen.

Bei jedem Kind ist es anders

Erst der Blick auf das einzelne Kind lässt Sie verstehen, wie der individuelle Selbstbildungsprozess verläuft. Nicht immer ist die kindliche Entwicklung den gängigen Altersstufen entsprechend. Achten Sie deshalb besonders auf die folgenden Punkte:

- Wozu macht das Kind dieses oder jenes?
- In welcher Art und Weise lernt das Kind?
- Wie viel Zeit benötigt das Kind?
- Welche Interessen hat das Kind?
- Welche räumlichen, materiellen und personellen Bedingungen begünstigen die Interessen des Kindes?

Sie haben den Auftrag, individuelle Lerngelegenheiten zu schaffen, anregende Material- und Raumgestaltungen vorzunehmen sowie Interaktionsprozesse der Kinder untereinander und mit pädagogischen Fachkräften zu ermöglichen. Hierbei müssen die aktuellen Interessen, das Wissen und die Erfahrungen des jeweiligen Kindes berücksichtigt werden.

Zeit für individuelles Lernen

Kinder benötigen Zeit für eigene Erkundungs- und Lernwege und auch Raum für einen eigenen Rhythmus. Daneben brauchen sie Lernanregungen, die ihnen gefallen, die ihrem Entwicklungsstand, Interessen und Forscherdrang entsprechen. So erhalten die Kinder die Chance, neue Kompetenzen zu erlangen oder bestehende zu stärken.

Was Ihnen Beobachtung und Dokumentation ermöglichen können:

- die Beteiligung der Kinder gestalten
- den Tagesablauf arrangieren
- ungeteilte Zeit zum Erkunden und Forschen ermöglichen
- Interaktionen der Kinder untereinander ermöglichen und unterstützen
- geeignetes Lernmaterial zur Verfügung stellen
- Raumgestaltung anpassen
- den Dialog mit jedem einzelnen Kind entwicklungsentsprechend gestalten

Wichtig für das Kind und für Sie

Durch eine sorgfältige Beobachtung und Dokumentation, lernen Sie das Kind besser zu verstehen und ganzheitlich wahrzunehmen. Sie erhalten Einblick in die Entwicklung und das Lernen des Kindes, werden über seine Fähigkeiten und Interessen sowie den Verlauf des Bildungsprozesses informiert.
Und auch Sie selbst haben einen klaren Vorteil: Sie erhalten Rückmeldungen über die Ergebnisse Ihres pädagogischen Handelns und unterstützen so Ihre gezielte Reflexion und Weiterentwicklung Ihrer pädagogischen Angebote – bezogen auf das einzelne Kind und bezogen auf die Gruppe.

Wichtig für Ihre Elternarbeit und das Team

Regelmäßige Beobachtungen und Dokumentationen sind sehr bedeutsam für eine gelungene Elternarbeit. Sie schaffen die Basis, damit Sie die Eltern kompetent informieren und beraten können. Sie bilden die sachliche Grundlage für das Elterngespräch mit Ihnen. Gleichzeitig können Sie das Verständnis der Eltern für Bildungsprozesse stärken und Ihre eigene Arbeit transparent machen. Gemeinsam können Sie so überlegen, wie Entwicklungsprozesse beim Kind unterstützt werden können.

Ebenso ist es wichtig, Beobachtung und Dokumentation als Grundlage für die Weiterentwicklung des Teams zu sehen. Mittels Beobachtung und Dokumentation kann eine Umstrukturierung der pädagogischen Arbeit stattfinden. Der Austausch darüber in Teambesprechungen erhält einen gewichtigen Stellenwert. Beachten Sie hierbei, dass dies eine sehr anspruchsvolle Angelegenheit ist und daher ausreichend Zeit benötigt.

Beobachtung und Dokumentation als Grundlage der Teamweiterentwicklung

Es ist wichtig, dass Sie jede Wahrnehmung und Beobachtung Ihrer Kolleginnen zuerst einmal schätzen. In unseren Kindertageseinrichtungen sollte eine Kultur der gelingenden verbalen und nonverbalen Kommunikation gepflegt und gelebt werden. Wertschätzende Beobachtung und Dokumentation stellen auch eine Grundlage für die Weiterentwicklung eines Teams dar und müssen deshalb ebenfalls gelebt, gepflegt und regelmäßig überprüft werden.

Wenn Sie wirkungsvoll kommunizieren möchten, sollten Sie Ihrem Gegenüber immer mit einer respektvollen Haltung begegnen. Versuchen Sie Ihr Gegenüber immer zunächst einmal so anzunehmen wie es ist. Respektieren Sie die Individualität des anderen. Dies gelingt Ihnen in der Regel leichter, indem Sie davon ausgehen, dass Ihr Gegenüber ebenfalls an einem positiven Kontakt mit Ihnen interessiert ist. Auch sollten Sie Ihrem Gegenüber die Fähigkeit zusprechen, dass die Person selbstverantwortlich handelt. Erinnern Sie sich immer wieder daran, insbesondere dann, wenn die Kommunikation mit Ihrem Gegenüber in eine Schieflage zu drohen gerät. Ein guter Kontakt zu anderen Menschen hängt wesentlich von Ihrer eigenen inneren positiven Haltung zu Ihrem Gegenüber ab.

Grundlagen eines respektvollen Umgangs:

- Ich nehme mein Gegenüber an, wie es ist.
- Ich gehe davon aus, dass mein Gegenüber an einem positiven Kontakt interessiert ist.
- Ich gehe davon aus, dass mein Gegenüber ebenfalls nur das Beste für das Kind/die Eltern/das Team möchte.
- Ich gehe davon aus, dass mein Gegenüber selbstverantwortlich handelt.

Wenn ein Team sich mit den Grundlagen zur Beobachtung und Dokumentation auseinandersetzt, bedeutet dies, dass die eigene pädagogische Arbeit immer wieder überprüft, reflektiert, evaluiert und angepasst, somit weiterentwickelt wird. Nur eine kontinuierliche Reflexion der Prozesse und des eigenen Handelns ermöglicht eine eigene Weiterentwicklung und damit auch die des gesamten Teams.

Viele Rückmeldungen aus Kindertageseinrichtungen zeigen, wie sich eine verlässliche Kommunikation in verschiedenen Formen positiv auf den Alltag und die Qualität des pädagogischen Handelns auswirkt. Die Wirksamkeit einer gelingenden Kommunikation hängt immer davon ab, wer, wann, was und wie miteinander bespricht, und ob Absprachen so getroffen werden, dass diese realistisch umzusetzen sind. Je besser das Team dabei zusammenarbeitet, desto förderlicher ist dieses für die Entwicklung der Kinder.

Beobachtung und Dokumentation als Grundlage einer funktionierenden Teamweiterentwicklung:

- Es gibt gemeinsame Werte, Normen und Grundhaltungen, die vor der Implementierung oder Weiterentwicklung von Beobachtung und Dokumentation gemeinsam geklärt werden.
- Die Wahrnehmung und Meinung der anderen Teammitglieder zählt und dem eigenen Austauschbedürfnis wird nachgekommen.
- Gegenseitige Wertschätzung und Respekt sind die Grundlage für ein Klima des gegenseitigen Vertrauens im Team.
- Gemeinsame Verfahrensweisen werden erarbeitet. Somit wird die Zusammenarbeit und auch die gegenseitige Vertretung erleichtert.
- Alle pädagogischen Fachkräfte können das eigene pädagogische Handeln überprüfen und erlangen dadurch noch mehr Sicherheit im Umgang mit allen Kindern.

Voraussetzung für eine teamübergreifende einheitliche Beobachtung und Dokumentation sind regelmäßige Teambesprechungen und ein möglichst häufiger auch informeller Austausch zwischen den Kolleginnen.

Überprüfen Sie einmal, ob bei allen Gesprächen, egal, ob informelle oder offizielle Teambesprechung, die pädagogische Arbeit den gleichen Stellenwert hat wie organisatorische Aufgaben. Dieses Gleichgewicht zwischen Organisation und Austausch über die Beobachtungen der Kinder kommt den Mädchen und Jungen langfristig zugute, da so der Alltag zielgerichteter und passgenauer gestaltet werden kann.

Fazit

Das Beobachten gehört in Ihren pädagogischen Alltag. Es ist eine Schlüsselkompetenz jeder pädagogischen Fachkraft und bestimmt die Qualität ihrer pädagogischen Handlungen.
Beobachtung ist die zielgerichtete Wahrnehmung der Entwicklungsschritte jedes einzelnen Kindes und damit die Voraussetzung für eine gelingende Bildungsarbeit im Alltag. Aber wie genau funktioniert das mit der Wahrnehmung? Mehr dazu im nächsten Kapitel.

Unsere Wahrnehmung

Der Sinn der Sinne

Wünschen Sie sich ebenfalls manchmal im lärmerfüllten Kita-Alltag, nichts zu hören oder sagen zu müssen? – Also einfach mal nichts wahrzunehmen? Geht das überhaupt? Können wir über „Dinge hinwegsehen"?

Auch wenn es anstrengend ist: Unsere Sinne helfen uns, in der Welt zurechtzukommen. Und speziell in der Kita-Welt bieten sie die Möglichkeit, Veränderungen, kleine Besonderheiten und spezielle Entwicklungsschritte der Kinder zu registrieren. Werfen wir daher auf den folgenden Seiten einen Blick auf die Wahrnehmung. Unsere Wahrnehmung macht keine Pause!

Unsere Wahrnehmung macht keine Pause!

Bewusst oder unbewusst

Schließen Sie die Augen.
Was hören, riechen
oder fühlen Sie gerade?

Im Alltag vergeht keine Sekunde, ohne dass wir etwas wahrnehmen – manchmal bewusst und manchmal unbewusst. Dies bedeutet, wir nehmen mit unseren Sinnen etwas für „wahr". Eine ganz individuelle Sache, denn unser Gegenüber kann die gleiche Situation, den selben Raum komplett anders wahrnehmen. Das zeigt folgende Situation, die Sie sicherlich in ähnlicher Weise auch schon einmal erlebt haben:

Sie gehen mit Ihren drei Freundinnen in eine Kneipe. Am nächsten Tag beschreiben sie gemeinsam einer fünften Person diese Kneipe. Die eine hat mehr auf die Möblierung geachtet, die nächste auf die Gerüche, eine weitere auf die Geräusche und die letzte auf die Menschen. Aufgrund ihrer ganz unterschiedlichen Beschreibung könnte nun diese fünfte Person annehmen, dass sie in vier verschiedenen Kneipen waren.

Das bedeutet: Es gibt keine richtige oder falsche Wahrnehmung! Jeder nimmt etwas ganz eigenes wahr.

Ein Geschenk für Kinder

Die individuelle Wahrnehmung ist insbesondere im Kita-Alltag ein Geschenk für die Kinder. Auf diese Weise wird vermieden, dass ein Kind in eine gewisse Schublade verortet wird, die mit typischen Eigenschaften, Verhaltensweisen und Erwartungen verbunden ist. Wenn es aber unterschiedliche Wahrnehmungen über ein Kind gibt, passiert das nicht so leicht. Daher ist es wichtig, dass Sie sich regelmäßig mit Ihren Kolleginnen darüber austauschen.

Bewusste Aufmerksamkeit ist Trainingssache

Bei der Wahrnehmung (auch Perzeption genannt) handelt es sich immer um Sinneserfahrungen. Jeder Mensch ist – teils bewusst, teils unbewusst – physikalischen Reizen aus seiner Umgebung ausgesetzt, mit deren Hilfe er Informationen sammelt. Aus diesen Informationen ergeben sich die eigenen, ganz individuellen Wahrnehmungen, die als Teil der inneren Vorstellungswelt gespeichert und mit dem eigenen inneren Sortiermuster abgeglichen werden. Jeder Mensch kann seine Wahrnehmungen hinsichtlich des Inhalts und der Qualität trainieren – durch bewusste Aufmerksamkeit in jeder Situation und gegenüber jeder Person.

Wie läuft das mit der Wahrnehmung?

Ob durch Augen, Nase, Mund, Ohren oder Haut – es gibt viele Wege, etwas wahrzunehmen.

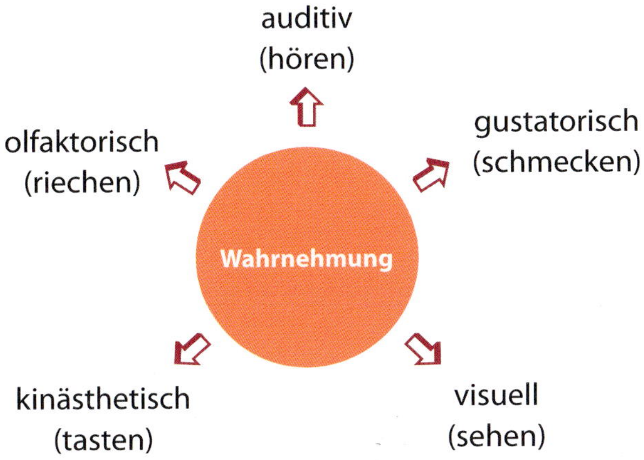

Unsere Wahrnehmung folgt dabei einem Muster:

1. Zuerst nehmen Sie mit einem oder mehreren Sinnen einen Reiz auf.
2. Dieser wird dann zu Ihrem Gehirn weitergeleitet.
3. Dort wird er ausgewählt und gefiltert.
4. Es erfolgt eine Speicherung.
5. Ein Vergleich mit Bekanntem findet statt.
6. Die unterschiedlichen Sinnesmodalitäten werden miteinander verbunden.
7. Es erfolgt eine Einordnung und ein Erkennen.
8. Es folgt eine Reaktion.

Diese Abläufe ereignen sich häufig innerhalb eines Bruchteils von Sekunden.

Vom Reiz zur Wahrnehmung

Ihre Wahrnehmungsbrille könnte beeinflusst sein durch Ihre

- Erwartungshaltung,
- Rolle als pädagogische Fachkraft,
- Erfahrungen,
- Bedürfnisse,
- persönliche Situation,
- Perspektive und Ihren Standpunkt,
- Maßstäbe,
- Vorurteile.

Kennen Sie Ihre Wahrnehmungsmuster?

Anhand des Reflexionsbogen von S. 78 werden Sie merken, dass jede Beobachtung stets durch Ihre persönliche Perspektive, Sichtweise, Einstellungen, Werte und Erfahrungen eine Bewertung erfährt. Es gibt keine objektive Beobachtung. Diese grundlegende Erkenntnis ist sehr wichtig, damit Sie mit Ihren Kolleginnen oder Ihrer Leitung Ihre Beobachtungen der Kinder miteinander teilen können, ohne dass es Streit darüber gibt, welche Sichtweise die vermeintlich richtige ist.

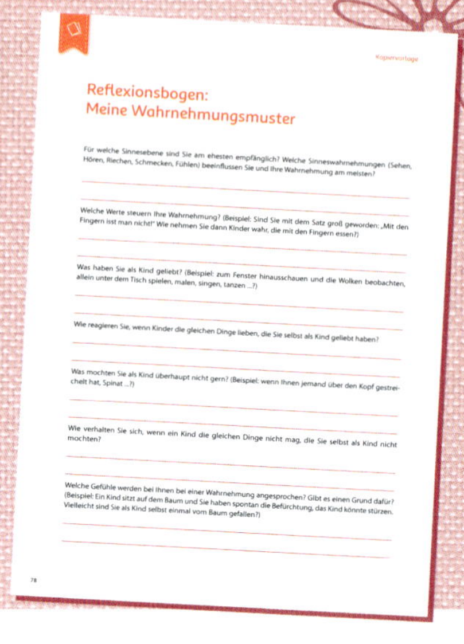

Beobachten in der Kita

In der Kita sprechen wir nicht von Wahrnehmung, sondern von Beobachtung.

In Abgrenzung zur Wahrnehmung wird Beobachtung als eine zielgerichtete, aufmerksame Wahrnehmung von Situationen, Vorgängen oder Personen oftmals mithilfe von technischen Hilfsmitteln verstanden.

Die klassische Beobachtung ist eine Methode der empirischen Sozialforschung. Sie ist in der Wissenschaft neben Experimenten und Versuchen eine grundlegende Methode der Erfahrungswissenschaften.

Beobachtungen dienen als empirische Datengrundlage. Sie müssen dabei zwei wichtige Kriterien erfüllen: Sie müssen objektiv und wiederholbar sein.

Beobachtungen müssen objektiv und wiederholbar sein!

Objektivität zwischen Morgenkreis und Freispiel?

In Kindertageseinrichtungen sind diese Kriterien im pädagogischen Alltag natürlich nicht zu erfüllen. Daher werden im Elementarbereich gern standardisierte Beobachtungsverfahren genutzt. Zudem hält die Videografie immer häufiger in vielen Kindertageseinrichtungen als Beobachtungsgrundlage Einzug. Standardisierte Beobachtungsverfahren schaffen mit den stets gleichen Items eine gewisse Objektivität. Es soll immer wieder das Gleiche beobachtet werden. Ein Mindestmaß an Objektivität bilden gemeinsam festgelegte Beobachtungskriterien, wie z. B. die Leuvener Engagiertheitsskala oder die Lerndispositionen bei Lerngeschichten.

Beobachtung ist die zielgerichtete Wahrnehmung der kindlichen Entwicklungsschritte. Beobachtung und deren Dokumentation ist in allen Bundesländern ein Auftrag an Sie als pädagogische Fachkraft und muss somit als Bildungsbegleitung konzeptionell festgeschrieben und in den Alltag integriert werden. Beobachtung ist daher die Voraussetzung für eine gelingende Bildungsarbeit.

Ihre Rolle: Seien Sie Zaungast!

Es ist hilfreich, wenn Sie sich als „Zaungast" verstehen, der nicht eingreifend oder korrigierend in Handlungen oder Lernprozesse einwirkt. Nur auf ausdrücklichen Wunsch des Kindes assistieren Sie ihm, indem Sie Sicherheit vermitteln oder einen unterstützenden Impuls geben. Ihr Part ist das Beobachten.

Achten, beachten und wertschätzen Sie das Handeln jedes einzelnen Kindes auf diese Weise. Zeigen Sie durch eine zugewandte Körpersprache und aufmunternde Gestik und Mimik innere Präsenz und Empathie. Seien Sie gespannt und neugierig auf die nächsten Entwicklungsschritte des Kindes.

Eine Herausforderung hierbei ist es, sich mit Bewertungen und bewertenden Adjektiven zurückzuhalten, und die Momente, in denen sich im Lernen eines jeden Kindes etwas Bemerkenswertes zeigt, wahrzunehmen.

Achtsam sein

Grundlage Ihrer Beobachtungen ist Achtsamkeit. Erst durch einen achtsamen Umgang lernen Sie jedes Kind richtig kennen und verstehen. Es entsteht ein individuelles Bild von den jeweiligen Interessen, Kompetenzen und Ressourcen. Darauf aufbauend gelingt es Ihnen sehr viel leichter, für die Kinder geeignete Impulse zur Unterstützung der Neugier und des Forschergeistes zu finden – immer nach dem Motto: Wir formen Kinder nicht nach einem Bild der Erwachsenen und lehren kein Wissen!

Immer im Dialog

Aus Gründen der Objektivität hatten wir schon auf den vorhergehenden Seiten angesprochen, wie wichtig es ist, möglichst unterschiedliche Sichtweisen und Erkenntnisse einfließen zu lassen, um so den eigenen Blickwinkel zu erweitern.

Beobachtungen sollten daher immer in einem dialogischen Austausch mit Kindern, Kolleginnen und Eltern erfolgen. Dies ist ein grundlegendes Selbstverständnis jeglichen pädagogischen Handelns.

Ein gelingender Dialog zeichnet sich durch folgende Punkte aus:

- Er kann verbal oder nonverbal erfolgen.
- Er hat immer einen offenen Ausgang.
- Er wird mit aktivem Zuhören geführt.
- Er legt eine wertschätzenden Haltung mit Respekt und Toleranz zugrunde.
- Er wird mit einer erkundenden und interessierten Haltung sowie mit Akzeptanz meines Gegenübers und der Sache geführt.

Ein guter Dialog kann jederzeit und an allen Orten geführt werden. An manchen Tagen besteht dieser vielleicht nur aus ganz wenigen Sätzen, an anderen Tagen dauert er etwas länger.

Merke: Die Qualität eines Dialogs hat nicht zwangsläufig etwas mit dessen Quantität oder Dauer zu tun!

Übung: Videoanalyse

Wie ist Ihr Verhalten im Dialog? Wir empfehlen Ihnen, sich bei der Arbeit filmen zu lassen. Dies kann eine typische Spiel- oder Gesprächssituation mit einem Ihrer Kinder sein. Sie können hierzu eine Videokamera oder ganz einfach die Aufnahmefunktion Ihres Handys verwenden. Schauen Sie sich anschließend die aufgenommene Sequenz unter den folgenden Gesichtspunkten an:

- Wie ist meine Körperhaltung? Bin ich dem Kind zu- oder abgewandt?
- Regiere ich auch auf nonverbale Signale?
- Schenke ich dem Kind meine gesamte Aufmerksamkeit oder bin ich mit einem Ohr schon wieder bei den anderen Kindern?
- Entdecke ich das „Gesprächsthema" des Kindes?
- Passe ich mein Tempo dem des Kindes an?
- Spiegele ich das Empfinden des Kindes?
- Moduliere ich meine Stimme?
- Befinde ich mich auf Augenhöhe mit dem Kind?
- Stelle ich geschlossene oder offene Fragen?
- Was fällt mir noch auf?

Besprechen Sie im Anschluss das Video mit einer Vertrauensperson und überprüfen Sie, wie gut Sie schon in Ihrem Kommunikationsverhalten sind. Beachten Sie bei der Rückmeldung immer, dass Sie einander zunächst die positiven Punkte zurückmelden und bei der Kritik sachlich bleiben.

Tipp: Wiederholen Sie die Videoanalyse von Zeit zu Zeit und lassen Sie sich überraschen, welche Veränderungen Sie beobachten können.

3

Im Kita-Alltag beobachten und dokumentieren

Wie soll ich das auch noch schaffen?

Vielleicht kam Ihnen diese Frage ebenfalls schon einmal in den Sinn? Gerade in Zeiten von Personalnotstand und Zeitmangel ist es ganz und gar nachvollziehbar. Da lautet die Lösung für manch einen: *Ich nehme die Portfolios mit nach Hause, denn in der Kita schaffe ich sie nicht.* Warum das aber keine Lösung ist und wie Sie Beobachtung und Dokumentation in Ihren Alltag integrieren können, lesen Sie auf den folgenden Seiten. Machen Sie jenen Teil Ihrer Arbeit mit ein paar Tipps und Tricks zu einem festen Baustein einer ganzheitlichen Praxis.

Im Kita-Alltag beobachten und dokumentieren

Ein wichtiger Teil Ihrer Arbeit

Halten Sie sich immer wieder vor Augen, dass Beobachtung und Dokumentation die Voraussetzungen für eine gelingende Bildungsarbeit sind. Sie helfen Ihnen, die Perspektive des Kindes, sein Verhalten und Erleben besser zu verstehen und ganzheitlich wahrzunehmen. Sie erhalten Einblick in die Entwicklung und das Lernen des Kindes, werden über seine Fähigkeiten und Neigungen sowie den Verlauf des Bildungsprozesses informiert. Beobachtung und Dokumentation sind eingebunden in eine pädagogische Konzeption, in der die Bildungsbegleitung „vom Kind aus" geplant und organisiert wird.

Aus diesem Grund ist es unabdingbar, dass Beobachtung und Dokumentation keinen Aufwand neben der alltäglichen Arbeit darstellen, sondern Dreh- und Angelpunkt der pädagogischen Praxis sind.

Wie ist Ihre ganz persönliche Einstellung zu Beobachtung und Dokumentation?

Verwenden Sie als Reflexionshilfe den Fragebogen von S. 79.

Reflexionsbogen: Meine Einstellungen zu Beobachtung und Dokumentation

Übung: Wann machen Sie Ihre Dokumentation? Nehmen Sie sich ein paar Minuten Zeit zum Reflektieren:

- Wann machen Sie Ihre Beobachtungen?
- Wie halten Sie Ihre gemachten Wahrnehmungen fest?
- Welche Rückschlüsse ziehen Sie aus Ihren Beobachtungen?
- Verändern Sie nach Ihrer Beobachtung die Angebote für das Kind? Wenn ja, wie dokumentieren Sie das?
- Wann dokumentieren Sie?
- Wie viel Zeit nehmen Sie sich für die Beobachtung und Dokumentation?

Alltagstauglich beobachten – wie geht das?

Beobachtung und Dokumentation nehmen im Kita-Alltag häufig einen sehr großen Zeitraum ein. Es kommt nicht selten vor, dass die Dokumentation während der Vorbereitungszeit oder gar in Form von Mehrarbeitszeit oder zu Hause verfasst wird.

Beobachtung und Dokumentation sollten im Kita-Alltag in die unmittelbare pädagogische Arbeit integriert werden. Dies kann gelingen, indem Sie beispielsweise die Kinder aktiv und in einem wertschätzenden Dialog hieran beteiligen. Sie werden sich jetzt sicher fragen: *Wie kann das in meinem Alltag aussehen und wie kann ich das praktisch umsetzen?* Es gibt sechs Schritte, die Ihnen dabei helfen.

6 Schritte zur Umsetzung im Alltag

Schritt 1:

Verteilung der Verantwortlichkeiten und Erstellen eines Sortiersystems

Schritt 2:

Zeitliche Strukturierung – Aufnahme in die Jahresplanung

Schritt 3:

Festlegen gemeinsamer Bewertungskriterien

Schritt 4:

Verankerung in den Dienstbesprechungen

Schritt 5:

Bestimmung der methodischen Gestaltung im Alltag

Schritt 6:

Durchführung von Elterngesprächen zur Entwicklungsbeobachtung

1. Schritt: Verteilung der Verantwortlichkeiten und Erstellen eines Sortiersystems

Teilen Sie die Kinder unter den pädagogischen Fachkräften auf. Die Zuordnung der Kinder kann sich gut danach orientieren, wer welches Kind bei der Eingewöhnung begleitet hat. Eine solche Zuordnung bedeutet nicht, dass Ihre Kolleginnen die ihnen nicht zugeordneten Kinder gar nicht mehr beobachten sollen.

Achten Sie darauf, dass die Zuordnung gerecht im Team aufgeteilt wird, damit nicht eine Person die Verantwortung für 20 bis 25 Kinder trägt. Dies ist schlichtweg zu viel.

Ordnung muss sein

Damit gewährleistet ist, dass keine Beobachtungen verloren gehen, hat es sich als sehr hilfreich erwiesen, wenn die gesamte Kindertageseinrichtung oder zumindest jede Gruppe ein einheitliches Beobachtungssystem verwendet, in dem alle gemachten Beobachtungen festgehalten werden können.

Das Festhalten der Beobachtungen sollte nach Möglichkeit immer schriftlich und zeitsparend in Form von Notizen erfolgen, die in einem Ordner, Heft oder auf Karten in einem Karteikasten aufbewahrt werden. Hierbei ist ein ABC-Register mit den Namen aller Kinder der jeweiligen Gruppe oder Einrichtung sehr hilfreich. So ist gewährleistet, dass alle pädagogischen Fachkräfte dort ihre Beobachtungen möglichst schnell ablegen können und nicht davon abgeschreckt werden, auch kleinere Beobachtungen schnell zu dokumentieren.

Diese Aufzeichnungen dürfen gern stichwortartig erfolgen. Vermeiden Sie dabei Interpretationen und Deutungen und versuchen Sie möglichst immer Ihre reine Wahrnehmung festzuhalten. Notieren Sie Besonderheiten und/oder Außergewöhnliches.

Wichtig: Denken Sie daran, zu jeder Notiz gehören Datum, Uhrzeit und Ihr Name. So stellen Sie sicher, dass bei Unklarheiten Rückfragen gestellt werden können. Um zusätzlich Zeit zu sparen, können Sie auch die Beobachtungsnotiz-Vorlage von S. 81 verwenden. Einfach kopieren und griffbereit für alle Kolleginnen aufbewahren.

Vorlage: Beobachtungsnotiz

Beobachtetes Kind	
Beobachter	
Datum	
Uhrzeit	
Beobachtetes Verhalten	

2. Schritt: Zeitliche Strukturierung – Aufnahme in die Jahresplanung

Ihre Beobachtungen sollten Sie sich zeitlich gut einteilen, damit nicht auf einmal vor dem Entwicklungsgespräch oder beim Verlassen der Einrichtung Zeitdruck entsteht, weil die Dokumentation nicht fertig ist. Bewährt hat es sich, einen Beobachtungsplan in den Jahresplan zu integrieren und feste Beobachtungszeiten oder -zeiträume für jedes Kind festzulegen.

Eine schwerpunktmäßige Beobachtung von 2 mal 2 Wochen im Jahr für jedes Kind ist empfehlenswert. Je nachdem, mit wie vielen Kolleginnen Sie in Ihrer Einrichtung zusammenarbeiten und je nach Kinderanzahl, können oder müssen Sie mehr oder weniger Kinder gleichzeitig beobachten.

Die Einteilung der zu beobachtenden Kinder bedeutet natürlich nicht, dass Sie Ihre Wahrnehmungen bei den anderen Kindern nicht notieren sollten.

Die zeitliche Festlegung, wann welches Kind beobachtet wird, dient Ihrer Sicherheit („Ich übersehe kein Kind.") und nimmt Ihnen den zeitlichen Stress, zu viele Beobachtungen und Dokumentationen gleichzeitig fortführen zu müssen.

3. Schritt: Festlegen gemeinsamer Bewertungskriterien

Überlegen Sie ganz genau, mit welchen Bewertungskriterien und Beobachtungsverfahren Sie arbeiten wollen. Vielleicht gibt es aber auch durch den Träger Vorgaben hierzu.

Folgende Kriterien sollten Sie bei Ihrer Auswahl der Beobachtungsinstrumente beachten:

- Welches Beobachtungsverfahren ist von der Landesregierung, vom Landesjugendamt oder vom Träger vorgeschrieben?
- Welches Beobachtungsverfahren passt zur kindzentrierten Haltung und zur Konzeption Ihrer Kita?
- Welches Beobachtungsverfahren wählen Sie aus, um die Lernfortschritte wahrzunehmen?
- Welches Beobachtungsverfahren wählen Sie aus, wenn Sie Entwicklungsverzögerungen feststellen?

Wählen Sie ein Beobachtungsverfahren aus, das es Ihnen ermöglicht, alle Kinder in der Kita nach einem Verfahren zu beobachten und zu dokumentieren. Sollte es bei einzelnen Kindern darüber hinaus noch zusätzlichen Beobachtungs- oder Dokumentationsbedarf geben, können Sie natürlich weitere, für diese Fragestellung spezialisierte Beobachtungsverfahren anwenden.

Achtung Zeitfresser: In Kindertageseinrichtungen werden häufig sehr viele, ganz unterschiedliche Beobachtungsverfahren genutzt. Dies ist in der Regel sehr zeitaufwendig. Stellen Sie sich immer die Frage, ob ein zusätzliches oder ein anderes Beobachtungsverfahren Ihnen einen weiteren Erkenntnisgewinn bringt.

4. Schritt: Verankerung in den Dienstbesprechungen

Machen Sie den Austausch über die Beobachtungen zu einem festen Tagesordnungspunkt in Ihren Teambesprechungen. Wenn Sie und Ihre Kolleginnen unterschiedliche Wahrnehmungen zu einem Kind haben, ist das gut. Erinnern Sie sich daran: Jede Wahrnehmung ist wahr und richtig! Tauschen Sie sich gemeinsam über Ihre unterschiedlichen Wahrnehmungen aus. Hierdurch kommt es zu einer besseren und individuellen Förderung und Bereicherung hinsichtlich der Zielsetzungen und Angebote für jedes Kind.

Nutzen Sie den folgenden Kreislauf für Ihren kollegialen Austausch:

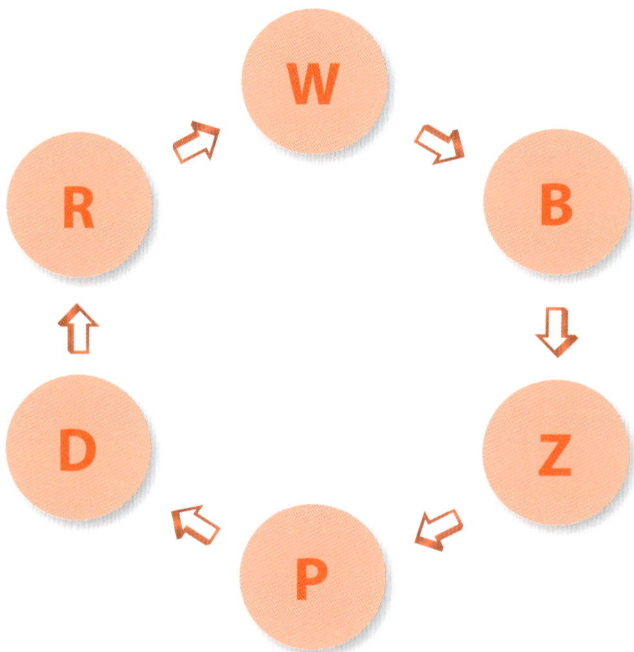

W = Wahrnehmung
- Was nehme ich in unterschiedlichen Situationen bei dem Kind wahr?
- Wie bedeutsam ist diese Situation für das Kind?

B = Bewertung
- Wie bewerte ich diese Situation?
- Welche Interessen und Ziele nehme ich beim Kind wahr?

Z = Zielvorstellung
- Welche Ziele leite ich aufgrund meiner Bewertung für das Kind ab?

P = Planung
- Was biete ich dem Kind an, damit diese Ziele erreicht werden?

D = Durchführung
- Wie bringe ich dem Kind mein Angebot methodisch näher?
- Nimmt das Kind mein Angebot an?

R = Reflexion
- Was hat das Kind angenommen, was nicht?
- Habe ich meine Wahrnehmung für dieses Kind richtig bewertet?
- War die Zielsetzung angemessen?
- Entsprachen die Angebote den Interessen des Kindes?

5. Schritt: Bestimmung der methodischen Gestaltung im Alltag

Als Erzieherin haben Sie den Auftrag, Kinder im Alltag zu beteiligen. Dies gilt beispielsweise in Bezug auf die Auswahl von Spielen, bei der Ernährung oder in Kinderkonferenzen. Eine Beteiligung von Kindern im Alltag bedeutet aber auch, dass Sie den Kindern Ihre Beobachtungen und Wahrnehmungen rückmelden und die Kinder in Ihre Dokumentation einbinden.

Damit dieser dialogische Austausch gelingen kann, ist es unerlässlich, dass Sie die Beobachtung und Dokumentation in Ihre unmittelbare pädagogische Arbeit integrieren. Ihre Wahrnehmungen und die Ihrer pädagogischen Kolleginnen sind geeignete Anlässe, um so mit jedem einzelnen Kind über seine Erfahrungen, sein Wissen, seine Erfolge und auch seine Misserfolge zu sprechen.

Beachten Sie hierbei aber immer, dass Sie Ihre Gespräche methodisch an den jeweiligen Entwicklungsstand des Kindes anpassen. Hiermit fungieren Sie als Modell und die Kinder lernen so von Ihnen, ihr eigenes Lernen, ihre Erfolge und auch ihre Misserfolge zu verbalisieren. Auf diese Weise nehmen Kinder ihre eigenen Entwicklungsschritte bewusst wahr. Ihr Selbstvertrauen und ihr Selbstbewusstsein werden so mittel- und langfristig gestärkt.

Zwei Beispiele, wie Sie Kinder in Ihre Beobachtung und Dokumentation einbinden können

Fotos, Videosequenzen und Konstruktionen bieten vielfältige Gesprächsanlässe. Hierbei kommt es auf eine gelingende Gesprächskultur mit offenen Fragestellungen an.

Beispiel 1

Nehmen wir an, ein Kind hat eigenständig in ein Seil einen Knoten gemacht und Sie hätten die Möglichkeit, im Rahmen einer Videoaufzeichnung, diese Sequenz zu filmen. So könnte eine dialogische Einbindung des Kindes beispielhaft aussehen:

- „Was ist das?"
- „Was hast du mit dem Seil gemacht?"
- „Wozu hast du das gemacht?"
- „Wie hast du es geschafft, dass der Knoten hält?" Oder: „Was musstest du tun, damit der Knoten hält?"
- „Wie kannst du das anderen Kindern zeigen, damit sie auch einen Knoten lernen?"

Beispiel 2

Ein Kind der Kindertageseinrichtung Zaubergarten beschäftigt sich mit Buchstaben und Schrift:

Fragen an das Kind könnten sein:

- „Ich habe gesehen, dass du Buchstaben nachgemalt hast."
- „Warum hast du das gemacht?"
- „Wie hast du das gemacht?"
- „Wie bist du auf die Idee gekommen, deinen Namen zu malen?"

Die Fragen regen zum Erzählen und Nachdenken an. So binden Sie das Kind ganz einfach in die Beobachtung und Dokumentation mit ein.

6. Schritt: Durchführung von Elterngesprächen zur Entwicklungsbeobachtung

Zur Erweiterung Ihrer Beobachtungen ist auch der Austausch mit den Eltern sehr wichtig. Eltern nehmen in der Regel einen ganz anderen Ausschnitt der Persönlichkeit ihres Kindes wahr als Sie.

Durch einen Austausch zwischen Ihnen als pädagogische Fachkraft und den Eltern werden unterschiedliche Perspektiven aufgezeigt und es besteht für beide Seiten die Chance, die eigene Wahrnehmung zu erweitern und neue Verhaltensweisen des Kindes zu entdecken.

Sie führen regelmäßig Gespräche mit den Eltern über die Entwicklung der Kinder. Ihre strukturierten Beobachtungen und Dokumentationen dienen Ihnen hierbei als Grundlage.

In einem Entwicklungsgespräch schildern Sie den Eltern die Entwicklungsschritte des Kindes. Im Gegenzug erläutern die Eltern Ihnen ihre eigenen Wahrnehmungen, Beobachtungen und Sichtweisen.

Dieser regelmäßige Austausch und die daraus resultierenden Absprachen im Umgang und in der Förderung des Kindes unterstützen Sie und die Eltern in ihrer Erziehungskompetenz.

Nutzen Sie für Ihre Elterngespräche das erstellte Portfolio als Grundlage für Ihre Darstellung der Entwicklung des Kindes. Lerngeschichten eignen sich hierbei häufig sehr gut als Einstieg in ein Entwicklungsgespräch.

Und wenn (zukünftig) die Kinder an den Entwicklungsgesprächen beteiligt werden, bietet sich im Zuge der Partizipation an, dass die Kinder selbst Teile ihres Portfolios erläutern und mithilfe Ihrer Unterstützung von ihrer eigenen Entwicklung berichten.

Schritt für Schritt

Nun haben Sie die 6 wichtigsten Schritte zur alltagstauglichen Gestaltung von Beobachtung und Dokumentation kennengelernt. Lassen Sie sich bei der Einführung und Umsetzung nicht durch mögliche Anlaufschwierigkeiten und einen anfänglich vielleicht etwas höheren Zeitaufwand abschrecken. Mittel- und langfristig werden Sie mit Sicherheit feststellen, dass die Umstellung insgesamt viele Vorteile mit sich bringt – für Sie, die Kinder und auch für Ihre Elternarbeit.

4

Grundlagen einer wertschätzenden Beobachtung

Think positive!

Stellen Sie sich folgende Situation vor: Sie kommen gerade von der Renovierung Ihrer neuen Wohnung und stehen in Ihren dreckigen Arbeitssachen an der Bushaltestelle. Sie bemerken aus dem Augenwinkel, wie Sie die Mutter eines Kindes der Nachbargruppe vermeintlich abschätzig mustert. Sie fragen sich möglicherweise: *Was wird die Mutter wohl über mich denken?* Dabei schießen Ihnen die folgenden Gedanken durch den Kopf: *Wie sieht diese Erzieherin denn aus! Was hat die denn für dreckige Sachen an? Wie schäbig. Das passt ja gar nicht zusammen! Hat die keinen Spiegel zu Hause? Hoffentlich rennt die nicht in der Kita so rum. Das ist kein gutes Vorbild für meinen Sohn!* Wie fühlen Sie sich durch das abschätzende Beobachtetwerden?

Grundlagen einer wertschätzenden Beobachtung

Die richtige Einstellung machts

Sehen Sie Beobachtung und Dokumentation als Chance und Bereicherung Ihrer pädagogischen Arbeit an! Denn wenn Sie sie als eine Last empfinden, werden Sie diese Aufgaben nur sehr unwillig erledigen und möglicherweise nur vor sich herschieben, um dann langfristig unter Stress zu geraten. Mit einer positiven Einstellung werden Sie feststellen, dass Ihnen jener Teil Ihrer Arbeit ganz mühelos von der Hand geht und Sie zügig vorankommen.

Werfen wir in diesem Zusammenhang einen Blick auf das Wort Beobachtung:
Be(ob)**achtung** – **Beachten**
(Beob)**achtung** – **Achtung**
(Be)**ob**(achtung) – **ob** – (wozu, weshalb)

Wenn Sie für das Wort *Beobachtung* Synonyme suchen, werden Sie z. B. folgende Ausdrücke finden: *Sinneseindruck, Aufnehmen, Eindruck, Empfinden, Entdeckung* und viele mehr.

Und wenn Sie für das Wort *Beachtung* Synonyme suchen werden Sie z. B. die folgenden Begriffe finden: *Anerkennung, Ehre, Vorsicht, Geltung, Respekt, Wertschätzung, Würde*.

Für Sie in der Kita sollte das Wort *Beobachtung* „achtsame" Beachtung bedeuten. Denn jedem Kind steht an jedem Tag Beachtung zu. Diese sollte zugewandt und wertschätzend durchgeführt werden!

Sie wollen Ihre ganz persönliche Einstellung zu Beobachtung und Dokumentation ändern?

Als Reflexionshilfe können Sie die Fragen von S. 80 nutzen. Sie können den Fragebogen für sich persönlich beantworten oder natürlich auch im Team.

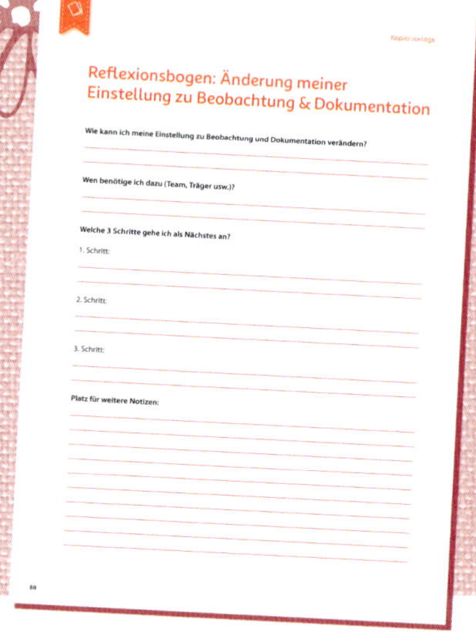
Kopiervorlage

Reflexionsbogen: Änderung meiner Einstellung zu Beobachtung & Dokumentation

Wie kann ich meine Einstellung zu Beobachtung und Dokumentation verändern?

Wen benötige ich dazu (Team, Träger usw.)?

Welche 3 Schritte gehe ich als Nächstes an?

1. Schritt:

2. Schritt:

3. Schritt:

Platz für weitere Notizen:

80

Puzzleteile zusammenfügen

Seien Sie sich bewusst, dass es Ihnen und auch keiner anderen Erzieherin gelingen wird, jegliches Verhalten Ihrer Kinder in Gänze bewusst wahrzunehmen und zu beobachten, um es dann auch noch vollständig zu dokumentieren.

Vielleicht kennen Sie das: Ihnen werden erst im Nachhinein bestimmte Verhaltensweisen klar, nachdem Sie ein Kind länger beobachtet haben. Bei punktuellen Beobachtungen sehen Sie immer nur einen kleinen Ausschnitt der gesamten Persönlichkeit des Kindes. Da die Persönlichkeit und das Verhalten eines jeden Kindes viel umfangreicher ist, als alle einzelnen Puzzleteile, die Sie im Kita-Alltag wahrnehmen können, heißt es hier, keine vorschnellen Schlüsse zu ziehen!

Erst, indem Sie Ihre beobachteten Puzzleteile zusammenfügen und mit den Beobachtungen Ihrer Kolleginnen abgleichen, haben Sie ein Gesamtbild und können damit Zusammenhänge besser einordnen und so manches Verhalten leichter verstehen.

Stellen Sie sich bei Ihren Beobachtungen auch immer noch die zusätzlichen Fragen:

- Wie handelt das Kind?
- Was tut das Kind gerade?
- Wann tut es was, mit wem und wo?
- Was tut das Kind nicht?
- Mit wem spielt es nicht?
- Was mag es nicht?
- Was gefällt ihm nicht?
- Was unterscheidet das Verhalten des Kindes von dem der anderen Kinder?

Wie erwartet

Beachten Sie hierbei auch, dass Kinder in der Regel versuchen, den Erwartungen anderer zu entsprechen!

Lassen Sie uns hierzu einmal das folgende Beispiel betrachten:

> Paul ist ein Junge, der in der Liederrunde nur Quatsch macht und nicht mitsingt!

Bei einer solchen Beschreibung, haben Sie sicherlich automatisch ein Bild von einem Jungen im Kopf, der nicht gern singt und sich schlecht an gemeinsamen Aktivitäten beteiligen kann.

Der neue Praktikant der Kita, der gern Gitarre spielt, übernimmt die Liederrunde. Der Praktikant erfindet mit den Kindern gemeinsam neue Texte zu bekannten Melodien. Paul möchte gern an dieser Liederrunde teilnehmen. Ihr Gedanke ist nun wahrscheinlich: *Was wird Paul dort wieder anstellen? Hoffentlich stört er nicht! Der arme Praktikant!*

Nach der Liederrunde kommt Paul draußen im Garten freudig auf Sie zu gerannt und singt Ihnen ein Lied mit einer eigenen Textstrophe vor. Der Praktikant kommt ebenfalls dazu und berichtet begeistert von Pauls Interesse und seinem Engagement in der Liederrunde.

Wie passt das nun zusammen?

Der Praktikant kannte Paul vorher nicht und ist deshalb völlig unvoreingenommen in die Liederrunde hineingegangen. Paul hatte so die Chance, sich von einer ganz anderen Seite zu zeigen, und er musste nicht die Seite zeigen, die vermeintlich von ihm erwartet wird.

Allzu oft verhalten sich Kinder entsprechend dem Bild, das wir von ihnen haben.

Wenn Sie Zeuge solcher widersprüchlichen Erfahrungen oder unterschiedlichen Wahrnehmungen werden, ist dies immer ein geeigneter Anlass, um die eigene Wahrnehmung und Einstellung zu überprüfen und dann möglicherweise zu verändern.

Auswirkungen von Nähe und Distanz auf Ihre Wahrnehmung

Nähe und Distanz beeinflussen Ihre Wahrnehmung und haben Auswirkungen darauf, ob diese wertschätzend oder weniger wertschätzend verläuft.

Überprüfen Sie anhand des folgenden Beispiels Ihre Kommunikation und Ihr mögliches Handeln:

Beispiel 1: Ein Kind, das Sie eingewöhnt haben und das Sie gut kennen, das Ihnen nahesteht, zieht einem gleichaltrigen Kind an den Haaren.

Wie ist Ihre Reaktion? Was sagen Sie? Sind Sie möglicherweise nachsichtiger, weil Sie das Kind gut kennen?

Beispiel 2: Ein gleichaltriges Kind kommt sehr unregelmäßig in die Kita. Sie kennen das Kind kaum und wissen nicht viel von ihm. Auch dieses Kind zieht einem gleichaltrigen Kind an den Haaren.

Wie ist hier Ihre Reaktion? Was sagen Sie zu diesem „fremden" Kind? Sind Sie möglicherweise voreingenommen und reagieren nicht so nachsichtig, weil Sie das Kind nicht so gut kennen?

Anhand dieses Beispiels sehen Sie, wie schnell die Nähe oder Distanz und damit Ihre Beziehung zu einem Kind Ihre Aussagen und Ihr Handeln beeinflussen können.

Auch Sie werden beobachtet!

Andersherum beobachten die Kinder Sie als pädagogische Fachkraft ebenfalls ständig und sehr aufmerksam. Auch Kinder deuten ihre eigenen Wahrnehmungen.

Beachten Sie, dass Sie bei der Beobachtung und Dokumentation allen Kindern gleichermaßen Aufmerksamkeit schenken und nicht nur denjenigen, die Sie genauer beobachten.

Reflektieren Sie auch immer wieder Ihre eigene (Körper-)Sprache und deren Wirkung auf andere.

Hier einige Beispiele zur Verdeutlichung:

- Ein Kind nimmt wahr, dass Sie heute rote Augen haben. Es fragt Sie vielleicht: „Hast du geweint?" Oder: „Hast du eine Allergie?"
- Ein Kind nimmt wahr, dass Sie heute Tee anstatt Kaffee trinkt. Es könnte zu einem anderen Kind sagen: „Frau M. ist heute krank, sie trinkt Tee." (Das Kind hat vielleicht zu Hause gelernt, dass immer, wenn jemand krank ist, Tee getrunken wird.)
- Ein Kind nimmt Ihren Blick wahr, den Sie auf den Bauteppich werfen. Das Kind könnte nun zu den anderen Kindern auf dem Bauteppich sagen: „Ihr müsst aufräumen, sagt Frau M." (Vielleicht haben Sie noch gar nichts gesagt, aber das Kind kennt Ihre Mimik so gut, und kann davon ableiten, was Sie gleich sagen werden.)

Das innere Bild vom Kind

Jede Beobachtung ist von der Haltung geprägt, die die beobachtende Person in sich trägt. Daher ist es für die Beobachtung und Dokumentation sehr wichtig, dass Sie sich darüber im Klaren sind, welches Bild Sie von den Kindern in Ihrer Kita/ Gruppe haben. Die folgende Übung kann Ihnen helfen, Ihr Bild von einem Kind zu konkretisieren und dann besser reflektieren zu können.

Übung: Mein Bild vom Kind

Wie sieht Ihr Bild von dem Kind aus? Malen oder schreiben Sie etwas dazu in die Kopiervorlage *Mein Bild vom Kind* auf S. 82. Sie können die Vorlage auch für jedes Teammitglied kopieren, in der nächsten Teambesprechung gemeinsam ausfüllen und diskutieren.

Das Bild vom Kind in der Pädagogik

Es gibt nicht **das** Bild vom Kind. Wir haben Ihnen auf den kommenden Seiten eine kleine Auswahl unterschiedlicher Kinderbilder aus der Pädagogik zusammengestellt. Die Auswahl hat keinen Anspruch auf Vollständigkeit und soll Ihnen zeigen, dass schon früh Pädagogen und andere Experten Kinder als selbstständige und selbstkompetente Wesen erkannt haben. Überlegen Sie sich, durch wessen Vorstellung Sie am meisten beeinflusst werden. Gibt es andere Bilder, die Sie geprägt haben?

Wie begleiten jene Bilder, Vorstellungen und Prägungen Ihren Arbeitsalltag? Vielleicht auch eine spannende Frage für eine Ihrer nächsten Teamsitzungen.

Das Bild vom Kind

Friedrich Fröbel

Nach Friedrich Fröbel ist das Kind als ein Teil der Natur und damit als Teil von etwas Größerem zu sehen. Jedes Kind entwickelt sich individuell und der Erwachsene muss sich mit dem Kind auf den Weg machen, um herauszufinden, was seine speziellen Begabungen sind. Aus diesem Grund spricht Fröbel davon, dass Erwachsene den Kindern *nachgehen* und nicht *vorschreiben* sollen.

Das Spiel ist in Fröbels Pädagogik eines der zentralen Elemente. Fröbel vertrat die Auffassung, dass Kinder sich im Spiel ausdrücken und zu sich selbst finden. Kinder er- und begreifen im Spiel die Welt und eignen sich diese dadurch an. Wie später auch Montessori hat Friedrich Fröbel spezielles Spielmaterial entwickelt, das er „Spielgaben" nannte.

Friedrich Fröbel sieht Kinder als sich selbst bewusst werdende, denkende und fühlende Wesen mit der Bestimmung, aus sich heraus selbstbestimmt und selbstbewusst zu handeln.

„Erziehung nimmt und beachtet jedes Wesen. Als eine Knospe an dem großen Lebensbaume."

Maria Montessori

Nach Maria Montessori ist das Kind der „Baumeister" seines eigenen Ichs und Akteur seines eigenen Lebens. Sie hat beobachtet, dass jedes Kind einen *inneren Bauplan* besitzt und danach selbstständig entscheidet, wann es gewisse Fähigkeiten erwerben möchte. Montessori ging von sensiblen Phasen der Kinder aus. In diesen Phasen öffnen sich nach Montessori sogenannte Lernfenster. Jedes Kind lernt durch sein eigenes Tun, indem es mit allen Sinnen sein Handeln und die Dinge der Welt erprobt. Sie kennen sicher den Satz von Maria Montessori:

„Hilf mir, es selbst zu tun!"

Emmi Pikler

Emmi Piklers Bild vom Kind ist ein sehr individuelles. Sie hat beobachtet, dass jedes Kind seine eigene Persönlichkeit und somit sein eigenes Lern- und Entwicklungstempo hat, das sehr unterschiedlich sein kann. Sie hat ebenfalls wahrgenommen, dass jedes Kind erst dann seinen nächsten Entwicklungsschritt macht, wenn es sich dazu bereit fühlt. Um dies tun zu können, muss es sicher mit dem bisher Erlebten umgehen können. Es muss sich möglichst selbstständig entwickeln dürfen, wozu es ein wertschätzendes und liebevolles Umfeld benötigt. Für Emmi Pikler ist jede Interaktion, die von intensiver Kommunikation und Aufmerksamkeit geprägt ist, von größter Bedeutung. Sie prägte dazu die Begriffe *Achtsame Pflege* und *Freie Bewegungsentwicklung*. Ein prägnanter Satz von Emmi Pikler lautet:

„Ein Säugling fördert sich selbst von früh bis spät. Ihn zum Sitzen oder Stehen aufzurichten, ist nicht nur überflüssig, sondern schädlich."

Janusz Korczak

Nach Janusz Korczak ist jedes Kind ein Individuum und kompetentes Wesen mit eigenen Rechten. Erwachsene sollen jedes Kind deshalb als vollwertigen Menschen ansehen und ihm das Recht auf eigene Entfaltung zukommen lassen. Kinder sollen nicht dem Bild anderer entsprechen. Kinder haben nach seiner Auffassung das Recht auf Zeit und Raum, auf eigene Erfahrungen in der Gemeinschaft, auf alle Gefühle und auf achtsame Erwachsene.

„Das Kind hat das Recht, ernst genommen, nach seiner Meinung und seinem Einverständnis gefragt zu werden."

Die Wortwahl ist entscheidend

Zu den Grundlagen einer wertschätzenden Beobachtung gehören die verbale und nonverbale Kommunikation. Als pädagogische Fachkraft teilen Sie Ihre Beobachtungen mit, stellen dazu Fragen, geben Antworten, machen Mut, warnen, loben oder geben Ärger preis. Welche Wörter Sie dabei verwenden, ist entscheidend!

Jedes Wort hat eine Wirkung!

Drei kleine Helfer, um wertschätzend zu kommunizieren:

1. Der Name eines Kindes ist ein wichtiges Merkmal, das Sie wertschätzend behandeln sollten. Sprechen Sie Kinder immer mit deren Namen an. Verwenden Sie keine Kosenamen oder Abkürzungen.
2. Beachten Sie, dass Sie Kinder unter drei Jahren nur aus unmittelbarer Nähe ansprechen und sie dabei anschauen, sonst wissen die Kinder nicht, dass ihnen die Ansprache gilt.
3. Versuchen Sie immer in ganzen Sätzen zu sprechen: „Klaus wiederhole dies bitte noch einmal!" Statt: „Noch mal!" „Maria beiß noch einmal in dein Brot." Statt: „Abbeißen!" Oder: „Mariaaa!"

Denn neben der Bedeutung jedes Wortes, hat es eine Wirkung. Zudem geben Sie unbewusst und/oder unbemerkt mit Ihrer Ausdrucksweise immer auch Auskunft über Ihre eigenen Werte und Vorstellungen. Dies geschieht mithilfe Ihrer Wortwahl, des Satzbaus und nicht zuletzt durch Ihre Betonung der Wörter.

Aktiv statt passiv!

Je nachdem, wie Sie einen Satz formulieren, kann er ganz unterschiedliche Wirkungen haben. Sehen Sie selbst:

1. **Passiv:** „Der Stuhl wird an den Tisch gestellt."
   Aktiv: „Stell den Stuhl an den Tisch!"
2. **Passiv:** „Alle Kinder essen jetzt."
   Aktiv: „Guten Appetit! Esst jetzt, liebe Kinder."

In einem passiv ausgesprochenen Satz steht immer die Handlung im Vordergrund und das Kind, der Handelnde, tritt in den Hintergrund. Bei Aktivsätzen steht das Kind im Mittelpunkt, es wird direkt angesprochen und somit gesehen und beachtet.
Sprechen Sie daher wann immer möglich, Sätze nicht im Passiv, sondern nutzen Sie das Aktiv.

Achten Sie einmal im Alltag darauf, wie diese unterschiedlichen grammatischen Formen wirken. Häufig hemmen passiv ausgesprochene Sätze Kinder eher darin, etwas zu tun. Auch fühlen viele Kinder sich durch passive Sätze nicht angesprochen. Im Gegensatz dazu regen Aktivsätze durch deren direkte Ansprache an: „Jan, bist du so nett und hängst deine Jacke an die Garderobe!"

Übung: Die Wirkung von Wörtern

Wie wirken die folgenden Sätze auf Sie? In welcher Formulierung hören oder lesen Sie Wertschätzung?
- „Er kann das nicht!"
- „Er hat das noch nie allein ausprobiert!"
- „Lass die Flasche nicht fallen!"
- „Halte die Flasche mit beiden Händen fest."
- „Du kannst das nicht."
- „Du hast das noch nie allein gemacht. Ich helfe dir."
- „Sei bitte still!"
- „Es ist zu laut. Ich kann Friedrich gar nicht verstehen."
- „Das Bild ist nicht schlecht."
- „Das Bild ist dir gut gelungen, erzähl mir doch mal, wie du es gemalt hast."

Schon während des Lesens werden Sie festgestellt haben, dass viele der Sätze nicht glücklich formuliert sind.

Aber wir alle wissen, wie schnell es passieren kann, dass wir Sätze sagen wie z. B.: „Pass auf, lass das nicht fallen!" – anstatt diese mit Bedacht positiv und wertschätzend zu formulieren.

Selbst Profis, die seit Jahren an ihrer Kommunikation arbeiten, passiert es immer mal wieder, dass sie im Alltag in Eile oder unter Zeitdruck nicht optimal kommunizieren. Wichtig ist, dass Sie das grundlegende Prinzip verstanden haben und versuchen, jederzeit positive und motivierende Formulierungen zu verwenden.

5

Entwicklung sichtbar machen

Den eigenen Blick schärfen

Kennen Sie auch diese leisen, ruhigen Kinder? Sie beteiligen sich an allem, halten Abmachungen ein und helfen gern den anderen Kindern und Erzieherinnen. Dann gibt es natürlich auch die lauten Kinder, die als Erste überall dabei sind, immer eine Antwort parat haben und sich nicht an Absprachen halten.

Auf die Frage, was die leisen und die lauten Kinder besonders gut können, stocken Sie eventuell und müssen vielleicht erst einmal überlegen. Schärfen Sie in dieser Situation Ihren Blick. Nehmen Sie die Kinder ganz bewusst im Alltag in unterschiedlichen Situationen wahr. So werden Sie Ihre Vorlieben und Interessen kennenlernen – egal, ob laut oder leise.

5

Entwicklung sichtbar machen

Im Mittelpunkt steht das Kind

Ziel der Dokumentation in der Kita ist es, den individuellen Entwicklungsprozess jedes einzelnen Kindes aufzuzeigen. Jeder kann mithilfe der Dokumentation die Besonderheiten und Einzigartigkeit des jeweiligen Kindes erkennen.

Auch das Kind selbst bekommt so die Möglichkeit, die eigene Entwicklung besser nachvollziehen zu können. Es erfährt Bestätigung und kann ein gesundes Selbstbewusstsein aufbauen.

Eine Entwicklungsdokumentation wird in erster Linie immer für das Kind und nicht für die Eltern gestaltet. Aus diesem Grund muss die Gestaltung und die Form unter anderem sprachlich angemessen, übersichtlich und für das Kind verständlich und nachvollziehbar sein.

Eine gezielt aufbereitete Darstellung von Beobachtungen und Materialien beinhaltet folgende Ziele:

- Sie will informieren.
- Sie will zum Staunen und Nachdenken anregen.
- Sie will erklären.
- Sie will Erinnerungen ermöglichen.
- Sie will den Austausch unterstützen.
- Sie will Ergebnisse festhalten.
- Sie will Verstehen und Teilhabe ermöglichen.

Daraus lassen sich folgende Aspekte ableiten:

Dokumentationen sind
- ein externes Gedächtnis für Kinder und pädagogische Fachkräfte.
- das professionelle Werkzeug pädagogischer Fachkräfte, um ihr Handeln zu reflektieren und dann daraus neue Maßnahmen zu entwickeln – ob allein oder im Team.
- das „Schaufenster" der Entwicklung eines Kindes und Ihrer Konzeption sowie Ihrer pädagogischen Arbeit. Dies bewirkt Öffentlichkeitsarbeit!

Machen Sie es sich und Ihrem Team leicht:
1. Entwickeln Sie Grundlagen für die Beobachtung und Dokumentation, die zu Ihren Rahmenbedingungen und Ihrer Konzeption passen, damit diese im Alltag umgesetzt werden können.
2. Legen Sie das genaue Ziel der Beobachtungen und Dokumentationen fest.
3. Erstellen Sie konzeptionelle Grundlagen, die für alle pädagogischen Fachkräfte gelten.
4. Achten Sie darauf, dass Sie mit den Rahmenbedingungen, Zielen und der Durchführung zufrieden sind, damit Sie mit dieser Arbeit für sich Selbstwirksamkeit erfahren können!

Die Wahl des Beobachtungsverfahrens

Mit Beobachtung und Dokumentation wird die kindliche Entwicklung dokumentiert und *sichtbar* gemacht. Was genau sichtbar gemacht werden soll, legt die Wahl des jeweiligen Beobachtungs- und Dokumentationsverfahrens fest.

Die Beobachtungsverfahren **liseb, Sismik, SELDAK** oder **BaSiK** nehmen beispielsweise die Entwicklung der kindlichen Sprache genau in den Blick und dokumentieren so den sprachlichen Entwicklungsstand von Kindern.

Wenn **Lerngeschichten** oder **Das Konzept der Engagiertheit** ausgewählt werden, kann der Blick für die Art und Weise, wie Kinder selbsterfahrend nach ihren Möglichkeiten die Welt entdecken, geschärft werden.

Diese Art der Beobachtung lenkt Ihre Aufmerksamkeit auf die Interessen und das Engagement der Kinder, wodurch sich Ihr Blick und Ihre Wahrnehmung verändern. Sie nehmen nun nicht als Erstes die Defizite eines Kindes wahr. Ebenso kann Ihr Blick auf Lernfortschritte des Kindes fokussiert sein.

Achtsamer Umgang mit Beobachtungsinstrumenten

Gehen Sie immer achtsam mit Beobachtungsinstrumenten um. Messen Sie die Entwicklung der Kinder nicht an Normen, die Sie aus empirisch feststellbaren Durchschnittswerten von Beobachtungsinstrumenten ableiten. Und vergessen Sie nicht, dass das Ziel Ihrer elementarpädagogischen Arbeit die Stärkung der individuellen Interessen und Kompetenzen des jeweiligen Kindes ist.

Durch die Feststellung von Durchschnittswerten kann eine individuelle Förderung bestimmter Potenziale eines Kindes „auf der Strecke bleiben". Achten Sie stets darauf, dass die Erweiterung der Kompetenzen bei jedem Kind im Mittelpunkt steht.

Überprüfen Sie sich und nicht das Kind

Es ist hilfreich, wenn Sie mithilfe der Beobachtungsinstrumente Ihre eigene Wahrnehmung anhand der jeweiligen Normwerte überprüfen. Getreu dem Motto: *Habe ich eventuell etwas Entscheidendes bei dem Kind nicht wahrgenommen oder habe ich etwas übersehen?*

Stellen Sie nicht die „Überprüfung" der Entwicklung der Kinder in den Mittelpunkt.

Die drei Ebenen von Beobachtungsverfahren

Welches Beobachtungsverfahren ist für Sie das richtige? Das kommt ganz darauf an, welches Ziel Sie verfolgen. Hans Rudolf Leu teilt Beobachtungsverfahren in drei Ebenen auf. Mit dieser Einteilung schafft er eine klare Orientierung, die Ihnen helfen kann, je nach Ihrer konkreten Zielsetzung, das richtige Verfahren auszuwählen.

Die Einteilung in drei Ebenen sieht folgendermaßen aus:

Ebene A: Entwicklung einer kindzentrierten Perspektive in der Beobachtung

Mit den Beobachtungsinstrumenten der Ebene A können pädagogische Fachkräfte das Kind mit seinen individuellen Interessen, Zielen und Bedürfnissen sowie seinem Selbstbildungsprozess verstehen lernen. Alle Kinder einer Gruppe sollten mit Unterstützung eines dieser Beobachtungsverfahren beobachtet werden.

Ziel der Ebene A:
Die pädagogischen Fachkräfte sollen die Bildungsmöglichkeiten des Kindes als *Akteur seines Bildungsprozesses* wahrnehmen.

Beispiele von Beobachtungsinstrumenten aus Ebene A:
- Bildungs- und Lerngeschichten von Margaret Carr, bearbeitet von Dr. Hans Rudolf Leu
- Das Konzept der Engagiertheit – Engagiertheitsskala, nach Ferre Laevers, 1997, Universität Leuven, Belgien
- Die sieben Intelligenzen nach Howard Gardner

Ebene B: Kontrolle von Lernfortschritten im Rahmen klar definierter Altersnormen und Lernziele

Auf dieser Ebene sollten die Instrumente gezielt ausgewählt werden. Nicht alle Kinder müssen mit demselben Beobachtungsinstrument beobachtet werden. Die Beobachtungen sollten immer mit den vorherigen verglichen werden, um die Entwicklungsschritte zu dokumentieren.

Ziel der Ebene B:
Diese Beobachtungsinstrumente erfassen den *Entwicklungsstand des Kindes in bestimmten Entwicklungsbereichen* nach validen vorgegebenen Altersnormen. Sie ermöglichen eine Vergleichbarkeit der Ergebnisse auf der Basis einer standardisierten Bewertung.

Beispiele von Beobachtungsinstrumenten aus Ebene B:
- Entwicklungstabelle nach Kuno Bellers
- KOMPIK-Beobachtungsbogen der Bertelsmann Stiftung
- Entwicklungsbeobachtung und -dokumentation EBD 3–48 Monate und EBD 48–72 Monate, Ulrike Petermann, Franz Petermann, Ute Koglin
- liseb, Sismik, SELDAK
- PERiK
- Gelsenkirchener Entwicklungsbegleiter

Ebene C: Frühzeitiges Erkennen von Entwicklungsstörungen

Die Beobachtungsverfahren dieser Ebene orientieren sich bewusst an Entwicklungsnormen, um festzustellen, ob ein Kind in einem oder mehreren Entwicklungsbereichen gravierend hinter anderen Kindern in der Entwicklung zurücksteht.

Ziel der Ebene C:
Mit diesen Beobachtungsverfahren soll ein *frühzeitiges Erkennen von Entwicklungsverzögerungen oder -störungen* festgestellt werden.

Beispiele von Beobachtungsinstrumenten aus Ebene C:

- Grenzsteine der Entwicklung, ein Frühwarnsystem für Risikolagen von Richard Leasen
- Sensomotorisches Entwicklungsgitter, nach Dr. Ernst J. Kiphard

Lerngeschichten schreiben

Lerngeschichten schärfen Ihren Blick, weil sie Entwicklungen sichtbar machen, die möglicherweise sonst nicht so deutlich sichtbar wären. Lerngeschichten ermöglichen Ihnen und den Eltern, die Interessen, die Themen und die Entwicklung der Kinder genauer zu entdecken, und unterstützen zudem die heutige Sichtweise, Bildung als Selbstbildung zu verstehen.

Definition Lerngeschichten

„Lerngeschichten sind Forschungsberichte. Sie handeln davon, was Kinder tun, wofür sie sich vermutlich interessieren, was sie möglicherweise denken und fühlen, womit wir sie unterstützen können." (Haas, 2016)

Lerndispositionen

Nach Margaret Carr gibt es fünf Lerndispositionen. Diese bilden den Kern des Ansatzes der „Bildungs- und Lerngeschichten“ und sind deshalb bei der Beobachtung und Dokumentation kindlichen Lernens von besonderer Bedeutung. Die fünf Lerndispositionen dienen als Analysehilfe, um Beobachtungen auszuwerten und entsprechende Lerngeschichten zu schreiben.

> Das englische Wort „disposition“ kann übersetzt werden mit Naturell, Veranlagung. Lerndispositionen beschreiben grundlegende menschliche Handlungsstrategien. Sie unterstreichen die Bereitschaft zu lernen und zeigen auf, wie und wann ein Kind sich neuen Herausforderungen zuwendet.

Mit den fünf Lerndispositionen können Sie mit einem positiven Blick auf das Kind folgende Fragen auswerten (vgl. Leu, 2007):

- Wie interessiert war das Kind bei seiner Tätigkeit?
- Wann hat es sich besonders engagiert?
- Wie hat sich sein Standhalten bei Herausforderungen und Schwierigkeiten gezeigt?
- Wie hat es sich ausgedrückt und mitgeteilt?
- Hat es an einer Lerngemeinschaft mitgewirkt?

Lernmomente entdecken

Nicht immer müssen Lernmomente große, besondere Situationen sein. Sie kennen sicherlich auch die sogenannten „magic moments“. Das sind Momente eines Kindes, wenn es ganz vertieft, ohne sich ablenken zu lassen, mit einer Sache beschäftigt ist. Hier gilt es, das Alltägliche, die kleinen wichtigen Situationen, für das Kind zu entdecken und dafür eine Begeisterung zu entwickeln.

Und bei Ihren Kindern?

Werten Sie Ihre Beobachtungen aus und berücksichtigen Sie dabei die fünf Lerndispositionen nach Margaret Carr. Verwenden Sie hierzu den Auswertungsbogen von S. 83.

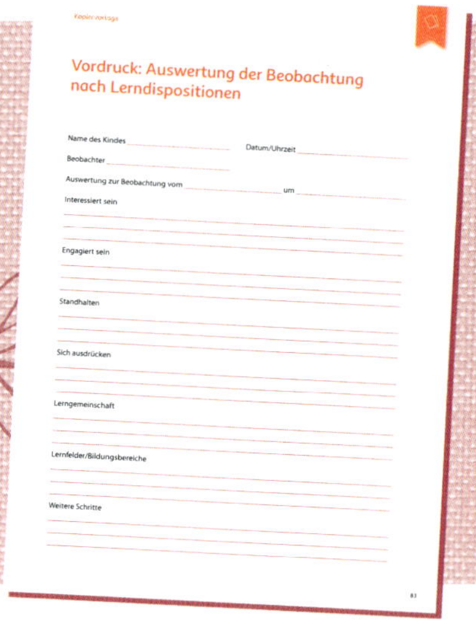
Vordruck: Auswertung der Beobachtung nach Lerndispositionen

Name des Kindes ______ Datum/Uhrzeit ______

Beobachter ______

Auswertung zur Beobachtung vom ______ um ______

Interessiert sein

Engagiert sein

Standhalten

Sich ausdrücken

Lerngemeinschaft

Lernfelder/Bildungsbereiche

Weitere Schritte

83

Übung

Sie können auch die Kinder beim Schreiben einer Lerngeschichte beteiligen. Wie einfach das geht, zeigt diese Übung:

1. Wählen Sie ein oder zwei Fotos von einem Kind aus, bei dem ein Entwicklungsschritt festgehalten wurde – z. B., wie das Kind einen Baum erklettert hat. Es kann genauso gut ein Lernergebnis sein wie ein gefalteter Papierflieger.

2. Schreiben Sie nun zu dieser Entwicklung eine Lerngeschichte. Behalten Sie sie zunächst für sich und besprechen Sie nicht mit dem Kind.

3. Treten Sie nun mithilfe des Fotos mit dem Kind in einen Dialog. Stellen Sie hierbei z. B. die folgenden Fragen:
   - „Erinnerst du dich an die Situation xy?"
   - „Magst du mir erzählen, was du da gemacht hast?"
   - „Wozu hast du das gemacht?"
   - „Wie hast du das geschafft?" Oder: „Was musstest du tun, damit du das schaffst?"
   - „Weißt du noch, wie lange es gedauert hat, bis du es geschafft hast?"
   - „Wie hast du dich danach gefühlt?"
   - „Wie kannst du das den anderen Kindern zeigen, damit sie das auch schaffen?"

Bitte schreiben Sie nach Möglichkeit die Antworten des Kindes wörtlich auf. Lesen Sie dann dem Kind das Geschriebene noch einmal vor und beobachten Sie dabei die Reaktion des Kindes. So haben Sie innerhalb kürzester Zeit eine vom Kind erzählte Lerngeschichte.

4. Vergleichen Sie anschließend die beiden Geschichten miteinander und stellen sich dabei die folgenden Fragen:
   - Was hat das Kind erzählt, was ich vielleicht nicht wahrgenommen habe?
   - Was war dem Kind bei seinem Lernen wichtig?
   - Welche Bedeutung hat die selbst verfasste Geschichte für das Kind?

5. Welche Rückschlüsse ziehen Sie aus diesem Vergleich?

6. Welche Konsequenzen hat das für Ihre zukünftigen Beobachtungen und Dokumentationen?

Kolleginnen und Eltern

Lerngeschichten machen nur dann Sinn, wenn Sie mit allen Beteiligten – dem Kind, den Kolleginnen und den Eltern – in einen Dialog treten, sich über die Entwicklung und das Lernen verständigen und gemeinsam weitere unterstützende Schritte überlegen. Die Erfahrung zeigt, dass sich die Beziehung zwischen Eltern und pädagogischen Fachkräften durch den Einsatz der Lerngeschichten positiv verändert.

Lust zum Schreiben

Sich auf Lerngeschichten einlassen bedeutet, Prioritäten verändern, Abläufe im Alltag überprüfen, Zeiträume finden, Kommunikation ermöglichen, Verantwortung teilen und eine Jahresplanung erstellen. Nicht zu vergessen ist die Lust am Schreiben.

Die Erfahrung zeigt, dass viele pädagogische Fachkräfte häufig zunächst große Hemmungen gegenüber dem Schreiben haben, diese jedoch meist nach den ersten Lerngeschichten vollständig ablegen können.

Das gemeinsame Vorlesen der Lerngeschichten ist häufig mit viel positiver Rückmeldung seitens der Eltern und Kinder gekoppelt und Sie erhalten so eine schöne Bestätigung für Ihr Tun. Probieren Sie es einfach einmal aus!

Der Schreibstil

Jeder hat seinen eigenen Schreibstil. Da gibt es kein Richtig und kein Falsch. Aber Sie sollten immer wieder überprüfen, ob Sie folgende Punkte beim Verfassen einer Lerngeschichte auch berücksichtigen:

- Verwenden Sie eine der Entwicklung des Kindes angemessene Sprache. Orientieren Sie sich dabei am Wortschatz des Kindes.
- Sprechen Sie in Lerngeschichten das Kind direkt an.
- Greifen Sie Zitate, Wörter und Sätze des Kindes an den passenden Stellen mit auf.
- Schreiben Sie möglichst in der Gegenwart. Beobachtungen, die in der Vergangenheit liegen, im Perfekt: „Du hast deinen Schuh gebunden."
- Vermeiden Sie Wortwiederholungen.
- Seien Sie genau bei Maßeinheiten.
- Vermeiden Sie komplizierte Schachtelsätze.
- Schreiben Sie möglichst objektiv, ohne Bewertungen.
- Achten Sie auf korrekte Rechtschreibung und Grammatik.

Tipp: Nutzen Sie die positive Wirkung der Lerngeschichten zur Teamentwicklung! Wie schön eine solche Lerngeschichte im Team sein kann und wie motivierend sie für die Empfängerin sein wird, können Sie mit Sicherheit gut nachempfinden, wenn Sie die Lerngeschichte auf der kommenden Seite lesen.

Liebe Barbara,

wir arbeiten nun schon seit zwei Jahren eng zusammen. Wir beobachten und dokumentieren die Entwicklung der Kinder. In unserem Austausch machst du immer wieder deutlich, wie neugierig du auf die Entwicklung jedes einzelnen Kindes bist.

Das Portfolio, das du für die Kinder erstellst, ist wunderschön. Du bist damit nicht zufrieden. Dich treiben unterschiedliche Fragen, deine Arbeit zu verbessern. Du möchtest die Kinder mehr in die Beobachtungen und die Dokumentation einbeziehen. Es ärgert dich regelrecht, dass jede pädagogische Fachkraft in unserer Kindertageseinrichtung das Portfolio nach ihrer Vorstellung führt. Du möchtest Beobachtung und Dokumentation vereinheitlichen, besser strukturieren und Kinder mehr daran beteiligen.

Du hast mit unserer Leitung gesprochen und ihr deine Ziele anscheinend sehr überzeugend dargestellt. Diese hast du dann auch unserem Träger vorgetragen. Und nun haben wir in 6 Wochen einen internen Fortbildungstag zu dem Thema „Entwicklungsschritte entdecken, sichtbar machen und dokumentieren“ mit Unterstützung durch eine Referentin.

Barbara, ich danke dir, dass du so zielstrebig bist und weißt, was du erreichen möchtest. Du hast ein starkes Selbstbewusstsein und Durchhaltevermögen sowie Verhandlungsgeschick.

Ich bin froh, dich als Kollegin zu haben und ich schätze unseren Austausch sehr. Gern unterstütze ich dich beim nächsten Mal, wenn du wieder an Verbesserungen arbeitest.

Deine Kollegin Anna

6

Das Portfolio

Eine Sammlung, die stolz macht

Kein Portfolio sieht aus wie das andere. Marie blättert durch ihre ganz persönliche Sammlung. Sie entdeckt sich auf einem Foto, das sie im vertieften Spiel mit Kastanien zeigt. Sie hat mit den Herbstfrüchten eine lange Schlange von der Bauecke bis zum Tisch gelegt. Ihre Erzieherin Lisa hat ihr dazu eine Lerngeschichte geschrieben. Marie findet in ihrem Portfolio auch einige Zeichnungen von sich und Fotos, die sie beim Basteln und Experimentieren zeigen. Ihre allerliebste Seite ist aber die, auf der sie mit ihrem Freund Yannik zu sehen ist. Zusammen sind sie im Wald auf einem Baumstamm balanciert. Marie erinnert sich noch genau daran.

Das Portfolio

Ein treuer Begleiter

In vielen Kindertageseinrichtungen hat sich die Form des Portfolios als Norm der Entwicklungsdokumentation etabliert.

Definition Portfolio

Der Wortstamm beinhaltet das lateinische Wort „portare“ = tragen und „folium“ = Blatt. Das bedeutet, es werden Blätter zusammengetragen. Ein Portfolio stellt also eine Art Sammelmappe dar. Ursprünglich wurden Kunstwerke zu einem Portfolio zusammengefügt. Im Laufe der Zeit wurden der Begriff und die Vorgehensweise auch für den pädagogischen Bereich entdeckt.

Die besonderen Merkmale eines Portfolios in der Kita sind:

- Im Mittelpunkt der Betrachtung steht ein Kind mit seiner ganz eigenen und individuellen Entwicklung.
- Mithilfe des Portfolios sollen die besonderen Lernstrategien, Lerninhalte und Lernerfahrungen des Kindes sichtbar gemacht werden.

Hierzu müssen, wie in jeder anderen Dokumentation auch, Inhalte gesammelt, ausgewählt und aufbereitet werden. Das Portfolio ist ein Dokument, das die gesamte Entwicklung eines jeden Kindes während seiner gesamten Kita-Zeit widerspiegelt.

Wie wird ein Portfolio angelegt?

Zu Beginn jeder Arbeit mit dem Portfolio oder auch bei einer Überarbeitung der Umgangsweise mit einem Portfolio empfiehlt es sich, wenn Sie im Team die folgenden Fragen klären:

- Was wollen wir erreichen?
- Wie passt das Portfolio am besten zu unserer Konzeption?
- Welche Ziele lassen sich daraus ableiten?
- Wie können wir unsere Ziele und die Konzeption im Portfolio sichtbar machen?
- Gibt es Punkte, die wir vereinheitlichen, standardisieren oder verändern müssen?

Dabei sollten im Vorfeld bei der Planung wesentliche Prinzipien hinsichtlich der Dokumentation beachtet werden:

- Die Arbeit mit dem Portfolio geschieht achtsam und in wertschätzender Art und Weise.
- Das Portfolio gehört dem Kind, also müssen die Rahmenbedingungen und die Gestaltung entwicklungsentsprechend gestaltet werden.
- Das Portfolio ist das Schaufenster für die Entwicklung des Kindes und gleichzeitig auch für die pädagogische Arbeit dieser Kindertageseinrichtung.
- Das Portfolio ist das externe Gedächtnis für die Kinder und für die pädagogischen Fachkräfte und dient ihnen zur Reflexion.

Die richtige Aufbewahrung

Überlegen Sie sich auch, ob Sie die Dokumentation in einem Ordner einsortieren möchten oder ob Sie lieber eine Kiste, einen Karton oder andere Aufbewahrungsmöglichkeiten wählen möchten. Jede Aufbewahrungsform hat ihre Vor- und Nachteile. Entscheiden Sie gemeinsam im Team, welche Variante die beste Lösung für Ihre Kita darstellt.

Tipps:

- Das Umblättern gelingt kleineren Kindern leichter, wenn der Ordner vier Bügel hat.
- Auch die Blätter knicken nicht so leicht beim Umblättern und bei der Lagerung, wenn der Ordner vier Bügel hat.
- Eine Klarsichthülle schützt etwaige Kunstwerke und diese müssen nicht gelocht werden.

Legen Sie auch den Aufbewahrungsort der Portfolios fest. In welchem Schrank in welchem Raum werden die Portfolios gelagert? Beachten Sie: Die Kinder sollten ihre Portfolios jederzeit nutzen können. Eltern dagegen sollten keinen direkten Zugang dazu haben.

Name des Portfolios

Wie soll das Portfolio zukünftig heißen? Überlegen Sie sich, ob Sie möchten, dass die Kinder „Mein Ordner" oder „Mein Portfolio" sagen sollen oder ob Sie dem Portfolio einen speziellen Namen geben. Schöne Portfolionamen sind z. B. „Mein Könnerbuch", „Das bin ich", „Meine Kita-Geschichte". Vielleicht fällt Ihnen im Team auch ein eigener Name ein, der noch besser zum Namen Ihrer Kindertageseinrichtung oder zu dem jeweiligen Gruppennamen passt.

Das Portfolio gehört dem Kind

Das ist die wichtigste Grundregel des Portfolios. Die Dokumentation wird mit den Kindern gemeinsam gesammelt. Somit muss eine Sprache gewählt werden, die dem Alter des Kindes entspricht. Jeder, sowohl Eltern als auch pädagogische Fachkraft, muss die Kinder um Erlaubnis fragen, wenn sie sich das Portfolio anschauen wollen. Erst dann wird der Satz „Das Portfolio gehört dem Kind." ernst genommen. Auch der Aufbau und die Struktur des Portfolios müssen absolut kindgerecht gestaltet sein. Diesen Punkt wollen wir nun näher betrachten.

Aufbau und Inhalt des Portfolios

Im Vorfeld ist es sinnvoll, über den Aufbau und die Gliederung des Portfolios nachzudenken. Hier steht neben den Inhalten der Gedanke der Selbstständigkeit der Kinder im Vordergrund: Wie können Kinder die Struktur erkennen, damit sie selbsttätig arbeiten können? Können Symbole, Farben oder Einlegeblätter die Selbstständigkeit unterstützen? Besprechen Sie dies gemeinsam im Team und treffen Sie eine Entscheidung, welche Symbole oder Farben am besten zu Ihrer Kita oder Ihrer Gruppe passen.
Inhaltlich sollten Sie darüber nachdenken, wie die Ziele, die Schwerpunkte und Besonderheiten Ihrer Kindertageseinrichtung mit der inhaltlichen Sammlung für Außenstehende am besten deutlich werden können.
Eine Kombination aus schriftlicher Dokumentation mit Lerngeschichten und Zitaten, Fotodokumentation(en), Berichten von Ereignissen und Festen sowie „Kinderprodukte" sollten auf jeden Fall Bestandteil des Portfolios sein.

Elemente wie z. B. die Ergebnisse von Sprachentwicklungsbögen gehören auf keinen Fall in ein Portfolio. Es dürfen jedoch die daraus gewonnenen Erkenntnisse, die Sie aus Ihren Beobachtungen ziehen, mit eigenen Worten formuliert, in das Portfolio einfließen.

Inhalte eines Portfolios können sein:

- Das bin ich (Selbstporträt des Kindes).
- Das ist meine Familie.
- Das sind meine Geschwister.
- Das sind meine Haustiere.
- Mein Weg in die Kita.
- Das sind meine Erzieherinnen.
- Das habe ich alles in meiner Kita erlebt.
- Lernaktivitäten des Kindes
- Zeichnungen, Bilder u. Ä., die Entwicklungsschritte zeigen
- Lerngeschichten
- Berichte über Feste und Feiern in der Kindertageseinrichtung
- Berichte über gemeinsame Projektarbeiten
- Aussagen der Kinder

Einleitung und Abschluss

Jedes Buch hat eine Einleitung und einen Abschluss, dies gilt ebenso für das Portfolio. In Form eines Vorwortes oder Briefes kann die Sammlung mit Ihren Zielen, Inhalten und der Umgangsweise Kindern und Eltern erläutert werden.
Beim Verlassen der Einrichtung sollte das Portfolio deutlich mit Bild, mit Text oder mit guten Wünschen für den Übergang in die Schule beendet werden.

Gliederung

Die inhaltliche Gliederung richtet sich nach den jeweiligen Schwerpunkten Ihrer Konzeption.

Wollen Sie die Möglichkeiten der Welt- und Selbsterfahrungen und ihre Bedeutung für jedes Kind in den Mittelpunkt Ihrer Dokumentation stellen, dann könnte eine mögliche Gliederung folgendermaßen aussehen:

Beispiel einer Inhaltsangabe zur Verdeutlichung der Welt- und Selbsterfahrung eines Kindes

Meine ersten Tage
- Wer begleitete mich in die Kindertageseinrichtung?
- Meine ersten Tage in der Kindertageseinrichtung
- Meine Bezugserzieherin

Ich bin ich
- Meine Eigenheiten und Vorlieben
- Das mag ich
- Meine Freunde
- Meine körperliche Entwicklung

Lerngeschichten meiner Entwicklung, meiner Entdeckungen
- Lerngeschichten
- Meine Gedanken
- Sammlung meiner sprachlichen Entwicklung

Ereignisse und Feste
- Meine Geburtstagsfeier
- Mein Osterfest

Mein Abschied
- Abschließende Lerngeschichte mit guten Wünschen für den weiteren Weg Abschlussfoto

Sind Ihnen die verschiedenen Bildungsbereiche wichtig und möchten Sie verdeutlichen, wie sich jedes einzelne Kind mit welchen Interessen in den Bildungsbereichen entwickelt, dann nehmen Sie die einzelnen Bildungsbereiche als Struktur für das Portfolio. Diese können Sie farblich unterscheiden:

Beispiel für farbliche Zuordnung der einzelnen Bildungsbereiche:

Alternativ können Sie jedem Bildungsbereich – zusätzlich zu einer Farbe – ein Symbol zuordnen. Mithilfe von Symbolen fällt es den Kinder deutlich leichter, die einzelnen Bereiche zuzuordnen und zu erkennen. Natürlich können Sie die Symbole auch gemeinsam mit den Kindern erstellen.

Hier einige Beispiele für mögliche Symbole:

Bewegung, Grob- und Feinmotorik:

Körper, Gesundheit und Ernährung:

Soziale, kulturelle und interkulturelle Bildung:

Musisch-ästhetische Bildung:

Sprache und Kommunikation:

Mathematische Bildung:

Das Layout eines Portfolios

Schöne und aussagekräftige Portfolios sind eine gute Werbung für Ihre Kita! Denken Sie bei der Gestaltung, der Wahl der Verpackung und dem Inhalt daher immer an die Öffentlichkeitswirkung des Portfolios – je schöner ein Portfolio ist, desto häufiger wird es mit Sicherheit herumgezeigt werden und dokumentieren, welch gute Arbeit Sie in Ihrer Kita leisten. Sie können durch das Layout auch auf Ihre Konzeption verweisen. Ist Ihre Kindertageseinrichtung beispielsweise ein „Haus der kleinen Forscher", dann sollte das auf jeden Fall in Ihrer Sammlung zu erkennen sein. Verwenden in diesem Fall auf den Portfolioseiten das Logo „Haus der kleinen Forscher".

Fragen Sie bei Ihrem Träger nach, ob eine einheitliche Gestaltung des Portfolios gewünscht ist, sodass aufgrund des äußeren Erscheinungsbildes ein Portfolio direkt dem Träger der Kindertageseinrichtung zugeordnet werden kann. Dies kann durch die Nennung des Trägers und/oder das Logo geschehen.

Ebenso kann es sinnvoll sein, wenn der Aufbau des Portfolios für alle Kinder einheitlich geplant und umgesetzt wird. Wie die Kinder dann die einzelnen Inhalte ausgestalten, sollten diese selbst entscheiden.

Überlegen Sie auch gemeinsam im Team, ob die Textpassagen des Portfolios am Computer getippt oder von Hand geschrieben werden sollen.

Praxis-Tipp: Gehen Sie sparsam mit dem Verzieren und Ausschmücken einzelner Seiten um. Nur wenn Kinder dies selbsttätig so gestalten oder wünschen, haben Verzierungen, z. B. mit Glitzer und Glimmer, ihre Berechtigung.

Organisation der Arbeit mit dem Portfolio

Gelingende Arbeit mit dem Portfolio benötigt Organisation und Struktur. Als Erstes sollten Sie daher klären, wer für welche Kinder und deren Portfolios zuständig ist.

Technische Fragen

Im Vorfeld sollten Sie im Team zudem einige technische Fragen beantworten:

- Haben Sie einen gut funktionierenden und leicht handhabbaren Fotoapparat?
- Hat jede pädagogische Fachkraft die Möglichkeit, am Computer zu arbeiten? Gibt es ausreichend PC-Arbeitsplätze oder Laptops?
- Haben Sie einen geeigneten Drucker?
- Kann jede pädagogische Fachkraft mit der erforderlichen Technik umgehen?

Achtung: Nutzen Sie nie Ihr privates Handy! Dies entspricht nicht den Datenschutzbestimmungen!

Fotos

Entscheiden Sie gemeinsam im Team, was Sie alles mit Fotos dokumentieren möchten. Beachten Sie hierbei die Menge der Fotos. Ein Portfolio ist kein Fotoalbum! Wenn Sie bewusst Fotos einsetzen wollen, fragen Sie sich immer, ob das betreffende Foto wirklich eine Entwicklung des Kindes dokumentiert und nicht nur ein Schnappschuss ist. Klären Sie ebenfalls im Vorfeld, wie und wo die Fotos entwickelt werden oder ob Sie diese in Ihrer Kita ausdrucken können.
Behalten Sie auch die Vorgaben Ihres Trägers zum Thema „Datenschutz" im Blick.

Praxis-Tipp: Laden Sie am Ende eines Kita-Tages immer den Fotoapparat auf und löschen Sie die Bilder, die nicht mehr gebraucht werden!

Alle Kosten im Blick

Vergessen Sie nicht, alle Fragen rund um die Finanzierung der Portfolios zu klären. Wer trägt die Kosten für den Ordner oder andere Behälter, für eventuell benötigte Klarsichthüllen, für die Entwicklung oder das Ausdrucken der Fotos und weitere anfallende Kosten? Wird der Posten aus dem Etat der Kindertageseinrichtung entnommen oder müssen Eltern dies finanzieren?

Kinder mit einbeziehen

Eine wichtige pädagogische Grundlage für alle methodischen Überlegungen ist der Leitgedanke der Beteiligung der Kinder. In Kindertageseinrichtungen besteht der Auftrag, Kinder zu beteiligen, also muss das auch bei der Dokumentation geschehen.

Überlegen Sie im Team, wann mit den Kindern gemeinsam die Entwicklung dokumentiert wird. An dieser Stelle müssen Sie die Kinder einbeziehen.

Mögliche Fragen sind:
- „Was hast du (heute) gelernt?“
- „Woran möchtest du dich später erinnern?“
- „Was ist dir wichtig?“

Portfoliowoche & Co.

Bringen Sie Ihren Kindern den Umgang mit dem Portfolio und das Nachdenken über ihr Lernen näher. Es ist hilfreich, hierfür zu Beginn eines Kita-Jahres oder ein Mal im Jahr, mit den Kindern ein angeleitetes Projekt zu diesem Thema durchzuführen.

Besprechen Sie im Team, wie Sie den Kindern das Portfolio näher bringen und es in der Dokumentation seiner Bildungsprozesse einbeziehen wollen. Gehen Sie gezielt der Frage nach: Wie kann das Kind bei der Gestaltung und der Auswahl der Inhalte noch mehr mit einbezogen werden?

Möglich sind z. B. folgende Ideen:

- Nahe dem Aufbewahrungsort der Portfolios kann es einen Tisch mit allen wichtigen Unterlagen für das Portfolio geben, den die Kinder selbstständig nutzen können, wenn sie etwas dokumentieren wollen.
- An einem Tag in der Woche werden den Kindern die Unterlagen für das Portfolio zum selbstständigen Dokumentieren zur Verfügung gestellt.
- Im Jahresverlauf gibt es ein Mal im Monat oder alle 6 Wochen eine „Portfoliowoche", in der die Kinder angeleitet werden, ihr Portfolio zu vervollständigen und darin ihre Entwicklung zu dokumentieren.

Nutzung von Vorlagen

Das Thema „Nutzung von Vorlagen" sollte ebenfalls im Team besprochen und gegebenenfalls den inhaltlichen Planungen angepasst werden.

Fragen Sie sich gemeinsam:

- Welche Vorlagen benötigen Kinder, um Anregungen für ihre Dokumentation zu erhalten?
- Welche Vorlagen passen zu den von Ihnen im Team ausgewählten Inhalten?
- Sind die Vorlagen für das Alter und die Entwicklung der Kinder geeignet?

Portfolio-Vorlagen

Von S. 86 bis S. 92 finden Sie eine kleine Auswahl an Portfolio-Vorlagen. Diese können Sie direkt einsetzen und so wertvolle Zeit bei der Gestaltung sparen. Ihre Kinder können die Vorlagen nach eigenem Geschmack und Ideen gestalten.

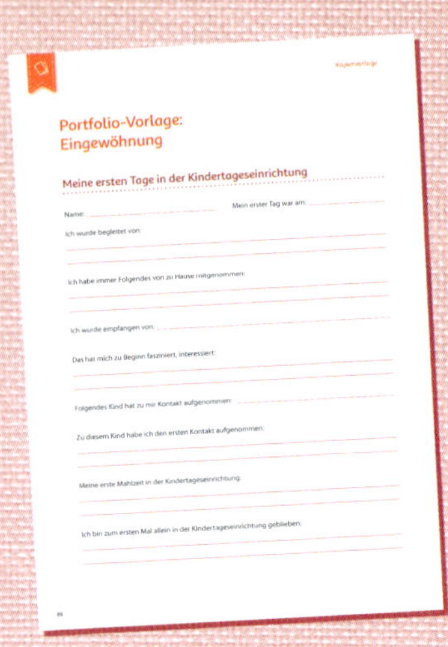

Zusammenfassung Portfolioarbeit

Klären Sie zu Beginn folgende Fragen:

- Was soll mit dem Portfolio erreicht werden?
- Wie passt das Portfolio am besten zu Ihrer Kita-Konzeption?
- Welche Ziele lassen sich daraus ableiten?
- Wie können die Ziele und die Konzeption sichtbar gemacht werden?

Die Prinzipien der Portfolioarbeit:

- Das Portfolio gehört dem Kind!
- Es gilt ein achtsamer und wertschätzender Umgang mit dem Portfolio.
- Das Portfolio ist ein „Schaufenster" für die Entwicklung des Kindes und gleichzeitig auch für die pädagogische Arbeit.
- Das Portfolio ist eine Gedächtnisstütze für Kinder und pädagogische Fachkräfte.
- Das Portfolio wird mit Beteiligung der Kinder erstellt.

Organisation und Struktur des Portfolios:

- Welche Ziele, Schwerpunkte und Besonderheiten der Kindertageseinrichtung sollen mit der inhaltlichen Sammlung dokumentiert werden?
- Gelingende Arbeit mit dem Portfolio benötigt Organisation und Struktur.
- Klären Sie immer, wer für welches Kind zuständig ist.
- Planen Sie rechtzeitig die methodische Vorgehensweise.
- Erstellen Sie ein einheitliches Layout.
- Überprüfen Sie frühzeitig die technischen Möglichkeiten.
- Klären Sie die Kosten und die Finanzierung.
- Nutzen Sie Vorlagen und erleichtern Sie sich damit die Arbeit.

Haben Sie im Team an alles gedacht?

Nutzen Sie die Checklisten auf S. 84f. und überprüfen Sie Ihr Vorgehen bei der Portfolioarbeit.

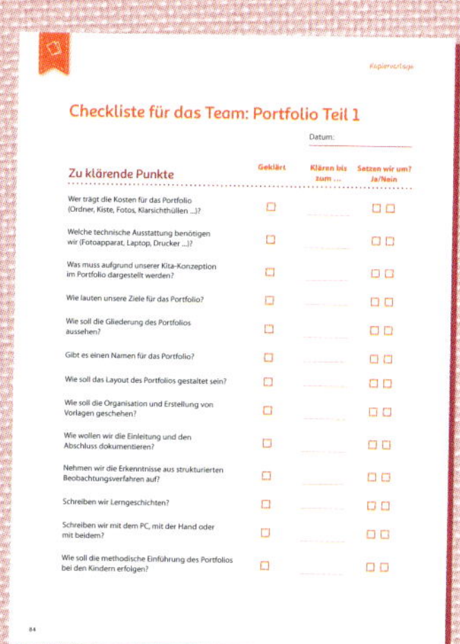
Checkliste für das Team: Portfolio Teil 1

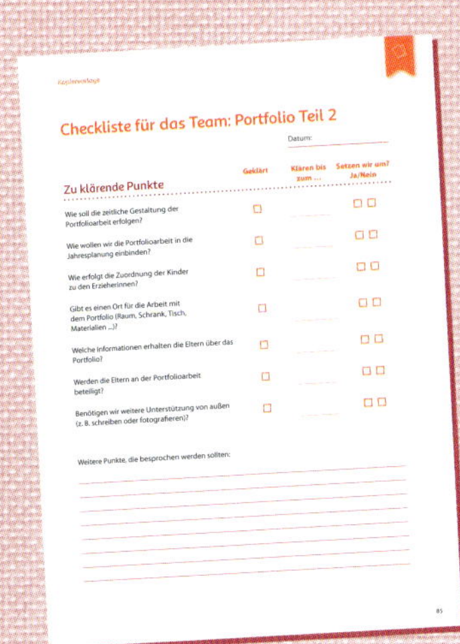
Checkliste für das Team: Portfolio Teil 2

Angemessene Sprache

Die richtige Wortwahl

„Ich hab für ihr gesagt, komma inne Puschen, Marie!" Auf den ersten Blick ist das keine angemessene Sprache für eine Dokumentation oder ein Portfolio, obwohl in vielen Regionen tatsächlich so gesprochen wird. In dem genannten Beispiel ist es die Ruhrpottregion. Auch wenn die Färbung des Dialekts ein wichtiges Kulturgut ist, sollte die Sprache in einer Dokumentation dialektfrei sein.

Sollten Kinder in ihrer Kita-Zeit aber schöne Zitate im Dialekt von sich geben, dann sind die es natürlich wert, genauso aufgeschrieben und dokumentiert zu werden. Sie gehören mit Sicherheit zu den Highlights des Portfolios, wenn das Kind in späteren Jahren noch einmal das Portfolio liest oder es selbst den eigenen Kindern zeigt.

7

Angemessene Sprache in der Dokumentation

Seien Sie achtsam in Ihrer Wortwahl

Eine angemessene und der Entwicklung des Kindes gemäße Sprache unterstützt eine gelingende Arbeit mit dem Portfolio.
Sprechen Sie das jeweilige Kind beim Schreiben direkt an, das macht das Portfolio persönlicher.

Aber nicht nur der Inhalt ist wichtig, sondern auch die Form. Verwenden Sie Satzzeichen bewusst. Wenn Sie beispielsweise zu oft Ausrufezeichen setzen, nutzt sich auf Dauer die Bedeutung dieses Satzzeichens ab.

Bleiben Sie außerdem beim Schreiben in einer Zeitform, also entweder Präsens: „Ich spiele." Oder Perfekt: „Ich habe gespielt." Selbstverständlich sollte das Geschriebene in der Rechtschreibung und Grammatik korrekt sein. Vermeiden Sie zu viele Wortwiederholungen.

Praxis-Tipp: Wenn Sie Ihre Dokumentation schreiben, nutzen Sie den Thesaurus. Sie finden diese Funktion in Word unter dem Bereich „Überprüfen". Sie erhalten dort Alternativvorschläge für jedes beliebige Wort. Bei der Eingabe z. B. des Wortes *gehen* finden sich folgende Vorschläge: *fortbewegen, laufen, schreiten, begehen, stelzen, walzen, marschieren* und viele mehr. Diese Thesaurus-Funktion kann Ihnen helfen, bei der Dokumentation Wortwiederholungen zu vermeiden.

Die richtigen Wörter für Stärken und Schwächen

Seien Sie achtsam in Ihrer Wortwahl und heben Sie dabei die individuellen Interessen und Stärken des Kindes hervor. Sie fragen sich sicher, ob Sie auch etwas Negatives oder die Schwächen des Kindes benennen dürfen. Die Antwort lautet: Ja. – Jedoch sollte immer alles wertschätzend geschrieben werden. Wir haben zur Verdeutlichung das folgende Beispiel.

Beispiel: Karl erprobt sich gerade im Außengelände an allen Seilen, Schaukeln und Stangen. Er übt, bis er selbstständig alles erklimmen und überall drauf sitzen kann. Er zeigt großes Engagement und viel Ausdauer. Andere Kinder, die mit ihm in die Kommunikation treten wollen, ignoriert er, er erprobt und übt alles für sich allein. Sie sehen dies, auch dass er zufrieden ist, möchten ihn aber gern darin unterstützen, besser in den Austausch mit anderen Kindern zu kommen.

Das können Sie wertschätzend beschreiben: *„Karl, ich sehe immer wieder, wie du Interesse an dem Erklimmen von Seilen, Stangen und Schaukeln hast. Du übst so lange, bis du sie bewältigen kannst. Ich sehe nie, dass andere Kinder dabei sind. Ich würde dich gern darin unterstützen, deine Freude am Klettern zu teilen und auch das Klettern den anderen Kindern beizubringen. Wie wäre es, wenn du dem Paul zeigen würdest, wie es geht."*

Wortwahl und Satzbau

Je jünger ein Kind ist, desto einfacher muss der geschriebene Sprach- und Satzaufbau sein, dieses gilt natürlich insbesondere auch für Kinder, deren Muttersprache nicht Deutsch ist. Kinder unter drei Jahren müssen die Begriffe und Wörter verstehen können. Der Satzbau muss daher ganz einfach sein und nur aus einem Hauptsatz bestehen.
Mit zunehmendem Alter des Kindes dürfen Sie gern neue Wörter oder Begriffe anbieten und die bisher verwandten Hauptsätze dürfen Sie gern durch die Bildung eines Nebensatzes ergänzen.

Auf den Kontext kommt es an

Wenn Sie Erläuterungen oder Texte verfassen, sollten Sie immer überlegen, ob Ihr Leser oder Zuhörer das Geschriebene wirklich versteht. Hierbei ist nicht nur Ihre Wortwahl, sondern auch die Beschreibung des Kontextes entscheidend. Beachten Sie in diesem Zusammenhang, dass Sie benötigtes Hintergrundwissen mit aufführen, sodass Sie, das Kind oder andere Dritte, auch noch 1 Woche später, den Gesamtzusammenhang verstehen können.

Seien Sie genau

Alle Maßeinheiten, die Sie in einem Portfolio verwenden, wie Zeit, Länge oder Größe, benötigen immer eine klare Definition. Meistens reicht es nicht zu schreiben: *„Paul hat den Turm hoch gebaut."* Wir wissen nicht, was für Paul hoch ist: 30 cm oder 100 cm. Das Gleiche gilt für zeitliche Aussagen: *„Katrin hat lange an dem Bild gemalt."* Für Katrin können 4 Minuten lang sein, für Tom sind 10 Minuten lang. Schreiben Sie nach Möglichkeit immer die entsprechende Maßeinheit mit auf (Minuten, Zentimeter usw.).

In Schulaufsätzen haben wir alle gelernt, dass wir Sätze sehr schön mithilfe von Adjektiven ausschmücken können. In der Portfoliodokumentation ist dies nicht zwingend notwendig. Setzen Sie im Portfolio Adjektive immer nur ganz bewusst ein. Dazu ein Beispiel: „Anton setzt die rote Mütze auf." Vielleicht denken Sie direkt, dass es wichtig ist, dass Anton eine Mütze aufsetzt. Wenn Sie nun aber wüssten, dass Anton die Farbe Rot absolut gar nicht gern mag, dann erhält das Adjektiv eine andere und wichtige Bedeutung. Vergessen Sie auch hier nicht den Kontext zu erwähnen, vielleicht hat er die rote Mütze aus einem bestimmten Grund aufgesetzt.

Nehmen Sie sich vor Bewertungen in Acht

Unbewusst nehmen wir oft Bewertungen vor, zum Beispiel: „Du bist heute die Sprossenwand sehr hoch geklettert." Eine achtsame und wertfreie Beschreibung könnte lauten: „Ich habe heute zum ersten Mal gesehen, dass du bis zur sechsten Sprosse geklettert bist."

Hüten Sie sich vor dogmatisierenden Formulierungen

„Da warst du bestimmt sehr stolz, als du das geschafft hast!" Woher wollen Sie wissen, ob das Kind wirklich sehr stolz auf sich selbst war? Vielleicht hat das Kind nur gestrahlt und ist immer wieder aufs Neue die Wand nach oben geklettert. Dieses sollten Sie dann auch genauso beschreiben: „Immer wieder bist du die Sprossenwand bis zur zehnten und letzten Stufe hochgeklettert und hast dabei gestrahlt."

Wenn Sie möchten, können Sie dann noch in der Ich-Form Folgendes ergänzen: „Ich hatte den Eindruck, dass du stolz auf dich warst!"

Jeder Text wird lebendiger und anschaulicher, wenn Sie Wortbeiträge, einzelne Wörter oder Sätze, des Kindes mit aufnehmen. Hier gilt immer: Wie gesprochen so geschrieben!

Die wichtigsten Punkte im Überblick

- Verwenden Sie einen einfachen Satzbau und den Wortschatz des Kindes.
- Vermeiden Sie Bewertungen.
- Nehmen Sie Zitate, Wörter und Sätze der Kinder an den passenden Stellen mit auf.
- Achten Sie auf korrekte Rechtschreibung und Grammatik.
- Verwenden Sie die passende Zeitform.
- Vermeiden Sie Wortwiederholungen.
- Hüten Sie sich vor dogmatisierenden Formulierungen.

Praxis-Tipp:
Wenn es Ihnen schwerfällt, in verständlicher Sprache zu formulieren, finden Sie auf der Internetseite: www.leichte-sprache.de viele hilfreiche Tipps und Hinweise zur Verwendung leichter Sprache.

Im dialogischen Austausch mit Kindern, Eltern und Kolleginnen

Gemeinsam lernen

Anton, ein sechsjähriger Junge, klettert auf dem Spielplatz auf einen Turm, von dem er sich nur an einer Stange runterlassen kann. Kein Problem für Anton. Als er unten angekommen ist, fragen Sie ihn: „Anton, das habe ich ja noch nie gesehen. Woher weißt du, wie du die Füße und Hände bewegen musst, um langsam die Stange runterzurutschen?" Schon sprudelt Anton drauf los: Er war mit seinem Onkel, der Feuerwehrmann ist, auf der Wache, es gab Alarm und er konnte beobachten, wie die Feuerwehrmänner die Stange heruntergerutscht sind ... Anton berichtet Ihnen alles ganz ausführlich. Sie sind ganz erstaunt und freuen sich darüber, mit welcher Begeisterung Anton von seinem Erlebnis erzählt. Das hat er bisher noch nie getan.

Im dialogischen Austausch

Mit Kindern im Gespräch

Der Begriff *Dialog* kommt aus dem Griechischen und bedeutet Unterredung oder Gespräch. Im Gegensatz zum Monolog gibt es beim Dialog mindestens zwei Gesprächspartner. Ein Dialog kann schriftlich, verbal und nonverbal mit Mimik, Gestik und Körperhaltung geführt werden.

Dialoge gibt es zu jeder Zeit und an jedem Ort. Sie sind durch die kommunikative Persönlichkeit der Gesprächspartner geprägt.

Der dialogische Austausch mit Kindern

Kinder gehen frühzeitig mit ihren Bindungspersonen in einen dialogischen Austausch. In den ersten 6 Wochen begleiten wir Erwachsenen die Kinder, indem wir sie mit Gestik, Mimik und Lauten nachahmen. Kinder lernen dann im Gegenzug sehr schnell, auf diesen Austausch zu reagieren und uns ebenfalls nachzumachen.

Von Ihnen als pädagogische Fachkraft wird erwartet, dass Sie in einen feinfühligen Dialog mit den Kindern gehen. Was bedeutet das? Sie folgen den Interessen des Kindes und richten Ihre Aufmerksamkeit gemeinsam mit dem Kind auf das, was es gerade in dem Moment beschäftigt und interessiert. Hierzu nutzen Sie und das Kind Gestik, Mimik, Körpersprache, Wörter und Stimmmodulation.

Als ErzieherIn zeigen Sie sich besonders achtsam, wenn Sie sich bestmöglich in das Denken, Fühlen und Handeln des Kindes einfühlen und einlassen. Dies setzt voraus, dass Sie sich von Ihren eigenen Überzeugungen und Ansichten lösen können, sodass gemeinsame Denkprozesse zwischen Ihnen und dem Kind entstehen können. Gleichzeitig können Sie neue Einsichten zulassen oder auch nebeneinander stehen lassen.

Beispiel:
Elsa zieht ihre Hausschuhe an und zeigt Ihnen dabei ihr linkes Bein. Sie sagt zu Ihnen: „Das ist mein rechter Schuh." Sie erwidern darauf: „Nein, das ist dein linker Schuh." Elsa: „Nein, das ist mein rechter Schuh." Sie: „Bei mir ist es anders, es ist mein linker Schuh."

Hier haben Sie als pädagogische Fachkraft Ihre eigene Sichtweise nicht gegen die des Kindes, sondern daneben gestellt.
Sie erleichtern sich den Austausch mit dem Kind, wenn Sie als Erwachsener nicht den Anspruch haben, alles wissen zu müssen. Sie können sich gelassen und mit Neugier auf Erläuterungen, neue Ideen und das subjektive Wissen der Kinder einlassen.

Nehmen Sie hier die Rolle der Lernenden und der Beobachtenden ein. Eine erkundende und fragende Haltung kann Sie hierbei unterstützen. Es erleichtert Ihren Alltag enorm, wenn Sie nicht immer die passenden Antworten parat haben müssen. Denken Sie mit den Kindern nach und suchen Sie zusammen Lösungen und Ideen. So können Sie gemeinsam viel Neues entdecken und erfahren, dass es auf Fragen nicht immer nur eine richtige Antwort gibt.

Gesprächsförderer:

- Wichtig ist eine entspannte Atmosphäre, in der sich die Kinder wohlfühlen.
- Setzen Sie Gesprächsimpulse.
- Achten Sie auf die kommunikative Persönlichkeit der Kinder. Nicht jeder ist der geborene Redner.
- Nehmen Sie auch nonverbale Signale eines Kindes wahr.
- Spiegeln Sie die kindlichen Empfindungen wider.

- Sie lassen sich auf den kindlichen, häufig sehr schnellen Themenwechsel ein.
- Sie achten auf einen wechselseitigen verbalen und nonverbalen Austausch.

Drücken Sie außerdem mit Ihrer Stimme – unterstützt durch Gestik, Mimik und Körpersprache – Wertschätzung und Interesse aus. So sind Sie bei jedem Gespräch dem jeweiligen Kind ganz zugewandt.

Wenn der Zeitpunkt nicht passt

Sie dürfen Kindern gern mitteilen, wenn Sie den Zeitpunkt für ein Gespräch als ungünstig empfinden. In diesem Fall sollten Sie aber Ihren Alternativvorschlag unbedingt einhalten. Zeigen Sie Ihre Gedanken und Gefühle in Form von Ich-Botschaften. Kinder haben grundsätzlich Interesse dran, die Ansichten und das Erlebte ihres Dialogpartners zu hören.

Schenken Sie dem Kind, mit dem Sie in den Dialog treten, Ihre Aufmerksamkeit und folgen Sie seinem Thema. Das bedeutet:

- Sie lassen sich auf das ein, was das Kind initiiert.
- Sie passen sich dem Tempo des Kindes an.

Dialogischer Austausch mit Eltern

Eltern haben das ausdrückliche Recht, über die Entwicklung ihres Kindes informiert zu werden. Sie können das Portfolio in jedes Entwicklungsgespräch mitnehmen und als Ausgangspunkt für Ihren Austausch mit den Eltern nutzen, um die individuelle Entwicklung des Kindes für die Eltern sichtbar und erfahrbar zu machen.

Wenn Sie die Aussage *„Das Portfolio gehört dem Kind"* ernst nehmen, können und sollten Sie dazu übergehen, die Kinder an den Entwicklungsgesprächen teilhaben zu lassen. Lassen Sie das Kind bei einem solchen Elterngespräch auch aus seiner eigenen Perspektive erläutern. Dies hat den Vorteil, dass die jeweilige Entwicklung des Kindes von ganz unterschiedlichen Seiten aus beleuchtet und kein Aspekt außer Acht gelassen wird. So kommen alle zu Wort: das Kind, die Eltern und Sie selbst.

Die unterschiedlichen Blickwinkel auf die kindliche Entwicklung haben viele Vorteile. Auf diese Weise fördern Sie beim Kind das Selbstbewusstsein hinsichtlich der eigenen Interessen und Kompetenzen.

Praxis-Tipp: Leiten Sie ein Entwicklungsgespräch mit dem Vorlesen einer Lerngeschichte des Kindes ein. Sie werden feststellen, dass Sie so einen entspannten und viel persönlicheren Zugang zu den Eltern erhalten. Dies liegt daran, dass Sie den Eltern auf der emotionalen Ebene begegnen.

Die Eltern bekommen die Chance, die Entwicklung ihrer Kinder besser zu verstehen. Sie müssen ihr Kind nun nicht mehr ständig mit anderen Kindern vergleichen. Langfristig führt dies zur Reduktion beispielsweise der typischen Elternsorge um die weitere schulische Entwicklung ihres Kindes.

Und auch Sie selbst haben dadurch Vorteile, da Sie nun zusätzliche Facetten der Persönlichkeit des Kindes wahrnehmen und dem Kind und der Familie mit viel mehr Verständnis begegnen können.

Praxis-Tipp: Beginnen Sie bei Entwicklungsgesprächen, in denen Sie Kinder mit einbeziehen, mit den ältesten Kindern, da ihre kommunikativen Kompetenzen größer sind. Wenn dieses gut klappt, gehen Sie Schritt für Schritt dazu über, auch die jüngeren Jahrgänge einzubeziehen. Lassen Sie sich überraschen, wie gut das funktionieren wird.

Dialogischer Austausch mit Kolleginnen

Der dialogische Austausch mit Kolleginnen über die Entwicklung der Kinder ist wichtig und wertvoll. Hierbei ist es unabdingbar, dass jede Person die eigene Wahrnehmung schildert. Dabei sollte sich im Miteinander eine Kultur des Austausches entwickelt, die das Ziel verfolgt: Es ist gut und wichtig, unterschiedlich wahrzunehmen. Dies bedeutet, dass Sie sich interessiert und engagiert mit Ihren Kolleginnen austauschen und die richtigen Fragen stellen.

Fragen zu Stärken und Interessen könnten lauten:

- Welche Interessen und Stärken habe ich beim Kind wahrgenommen?
- Was ist das Besondere an dem Kind/an seinem Verhalten?
- Kann ich das wertschätzen, und wenn ja, wie kann ich das zeigen?
- In welche Tätigkeiten ist das Kind vertieft und konzentriert?
- Wiederholt das Kind seine Tätigkeiten?
- Probiert es etwas aus? Entwickelt es neue Ideen?

Mögliche Fragen zu Herausforderungen und Schwierigkeiten:

- Sucht das Kind neue Herausforderungen?
- Hält es bei Misserfolgen stand?
- Probiert es verschiedene Wege und Möglichkeiten aus?
- Trifft es Entscheidungen?
- Entwickelt es Alternativen?

Fragen zu Emotion und Interaktion:

- Wie versucht das Kind sich auszudrücken?
- Zeigt das Kind Gefühlsregungen und äußert es seine Gedanken und Gefühle?
- Vertritt es einen eigenen Standpunkt und wie zeigt es diesen?
- Zeigt es Interaktionsbereitschaft?

Mögliche Fragen zur sozialen Interaktion:

- Wendet sich das Kind mit anderen einer Sache zu?
- Entwickelt es Ideen und macht Vorschläge für gemeinsame Aktivitäten?
- Greift es Vorschläge anderer auf oder macht es selbst Vorschläge?

Selbstreflexion

Im kollegialen Austausch ist es erforderlich, dass Sie immer wieder Ihr Verhalten hinsichtlich der eigenen Dialogkompetenz reflektieren. Wir haben hierzu einen Reflexionsbogen erstellt, den Sie auf S. 93 finden.

Kopiervorlage

Reflexionsbogen:
Meine Dialogkompetenz gegenüber Kindern

Aussage	Überwiegend	Teilweise	Kaum
Ich erkenne das verbale Gesprächsangebot des Kindes.	☐	☐	☐
Ich erkenne das nonverbale Gesprächsangebot des Kindes.	☐	☐	☐
Ich rede gern mit den Kindern.	☐	☐	☐
Ich sorge für eine sichere Gesprächsatmosphäre.	☐	☐	☐
Ich liebe es, wenn Kinder das Gespräch initiieren.	☐	☐	☐
Ich bin neugierig auf die Gedanken, Ideen und Äußerungen des Kindes.	☐	☐	☐
Ich setze eigene Gesprächsimpulse.	☐	☐	☐
Ich bin neugierig auf den Ausgang des Gesprächs.	☐	☐	☐
Ich erfahre mit Kindern Neues.	☐	☐	☐
Ich lerne die subjektive Sichtweise des Kindes kennen.	☐	☐	☐
Ich führe mit den Kindern auch nonverbale Dialoge.	☐	☐	☐
Ich halte Blickkontakt mit dem Kind.	☐	☐	☐
Die Themen der Kinder interessieren mich meistens nicht.	☐	☐	☐
Ich kann schlecht zuhören, wenn Kinder langsam sind.	☐	☐	☐
Ich korrigiere Kinder immer, wenn sie etwas Falsches sagen oder tun.	☐	☐	☐
Dem schnellen Themenwechsel von Kindern kann ich nicht folgen.	☐	☐	☐
Ich spiegele das Empfinden der Kinder wider.	☐	☐	☐
Ich schaue das Kind mit „beiden Augen" an und beobachte dabei nicht gleichzeitig andere Kinder.	☐	☐	☐
Ich höre dem Kind mit „beiden Ohren" zu, ohne mit einem Ohr schon bei den anderen Kindern zu sein.	☐	☐	☐
Beim Gespräch gehe ich mit dem Kind auf Augenhöhe.	☐	☐	☐
Oft tue ich nur so, als ob ich Interesse an dem Thema des Kindes habe.	☐	☐	☐
Ich moduliere gern meine Stimme.	☐	☐	☐
Es fällt mir schwer, offene Fragen zu stellen.	☐	☐	☐

Auswertung: Dort, wo Sie „überwiegend" angekreuzt haben, besteht Handlungsbedarf hinsichtlich Ihrer Einstellung. Überlegen Sie im nächsten Schritt: Welche Möglichkeiten haben Sie, dies allein zu verändern? Wann benötigen Sie dazu Ihr Team, Ihre Leitung, Ihren Träger? Verwenden Sie als Hilfestellung den Reflexionsbogen auf S. 80.

93

Anhang – Kopiervorlagen als Arbeitshilfen

- ☑ Reflexionsbogen: Meine Wahrnehmungsmuster
- ☑ Reflexionsbogen: Meine Einstellungen zu Beobachtung und Dokumentation
- ☑ Reflexionsbogen: Änderung meiner Einstellung zu Beobachtung und Dokumentation
- ☑ Vorlage: Beobachtungsnotiz
- ☑ Übung: Mein Bild vom Kind
- ☑ Vordruck: Auswertung der Beobachtung nach Lerndispositionen
- ☑ Checkliste für das Team: Portfolio Teil 1
- ☑ Checkliste für das Team: Portfolio Teil 2
- ☑ Portfolio-Vorlage: Eingewöhnung
- ☑ Portfolio-Vorlage: Das bin ich!
- ☑ Portfolio-Vorlage: Mein Familienstammbaum
- ☑ Portfolio-Vorlage: Mein schönster Traum
- ☑ Portfolio-Vorlage: Meine Lebens-Wunschgeschichte
- ☑ Portfolio-Vorlage: Das kann ich schon!
- ☑ Portfolio-Vorlage: Das esse ich am liebsten
- ☑ Reflexionsbogen: Meine Dialogkompetenz gegenüber Kindern

Reflexionsbogen: Meine Wahrnehmungsmuster

Für welche Sinnesebene sind Sie am ehesten empfänglich? Welche Sinneswahrnehmungen (Sehen, Hören, Riechen, Schmecken, Fühlen) beeinflussen Sie und Ihre Wahrnehmung am meisten?

Welche Werte steuern Ihre Wahrnehmung? (Beispiel: Sind Sie mit dem Satz groß geworden: „Mit den Fingern isst man nicht!“ Wie nehmen Sie dann Kinder wahr, die mit den Fingern essen?)

Was haben Sie als Kind geliebt? (Beispiel: zum Fenster hinausschauen und die Wolken beobachten, allein unter dem Tisch spielen, malen, singen, tanzen ...?)

Wie reagieren Sie, wenn Kinder die gleichen Dinge lieben, die Sie selbst als Kind geliebt haben?

Was mochten Sie als Kind überhaupt nicht gern? (Beispiel: wenn Ihnen jemand über den Kopf gestreichelt hat, Spinat ...?)

Wie verhalten Sie sich, wenn ein Kind die gleichen Dinge nicht mag, die Sie selbst als Kind nicht mochten?

Welche Gefühle werden bei Ihnen bei einer Wahrnehmung angesprochen? Gibt es einen Grund dafür? (Beispiel: Ein Kind sitzt auf dem Baum und Sie haben spontan die Befürchtung, das Kind könnte stürzen. Vielleicht sind Sie als Kind selbst einmal vom Baum gefallen?)

Reflexionsbogen: Meine Einstellungen zu Beobachtung und Dokumentation

Kreuzen Sie bitte an, was auf Sie zutrifft.

Aussage	Überwiegend	Teilweise	Kaum
Beobachtung und Dokumentation ist für mich eine ungeliebte, vom Gesetzgeber oder Träger übertragene Aufgabe.	☐	☐	☐
Beobachtung und Dokumentation ist für mich eine Aufgabe, die noch „obendrauf" gesetzt ist.	☐	☐	☐
Beobachtung und Dokumentation ist vielfältig und ich sehe deren Nutzen nicht.	☐	☐	☐
Beobachtung und Dokumentation ist in meinen pädagogischen Alltag eingefügt.	☐	☐	☐
Beobachtung und Dokumentation stellt für mich die Grundlage dar, die Kinder besser zu verstehen.	☐	☐	☐
Beobachtung und Dokumentation ist die Grundlage für mein pädagogisches Handeln.	☐	☐	☐
Für mich ist Beobachtung die Voraussetzung für eine gelingende Bildungsarbeit.	☐	☐	☐
Ich habe den Alltag so geplant, dass ich Zeit für Beobachtungen habe.	☐	☐	☐
Ich habe Zeit, um mit den Kindern meine Beobachtungen zu besprechen und zu reflektieren.	☐	☐	☐
Ich notiere regelmäßig meine Wahrnehmungen und Beobachtungen.	☐	☐	☐
Wir haben ein gemeinsames System zum Notieren der Wahrnehmung für alle Kinder.	☐	☐	☐
Ich mache regelmäßig Fotos der Kinder.	☐	☐	☐
Ich kenne die Datenschutzbestimmungen hinsichtlich der Beobachtung und Dokumentation.	☐	☐	☐
Ich beachte die Datenschutzbestimmungen.	☐	☐	☐

Auswertung: Dort, wo Sie „überwiegend" angekreuzt haben, besteht Handlungsbedarf hinsichtlich Ihrer Einstellung. Überlegen Sie im nächsten Schritt: Welche Möglichkeiten haben Sie, dies allein zu verändern? Wann benötigen Sie dazu Ihr Team, Ihre Leitung, Ihren Träger? Verwenden Sie als Hilfestellung den Reflexionsbogen auf S. 80.

Reflexionsbogen: Änderung meiner Einstellung zu Beobachtung & Dokumentation

Wie kann ich meine Einstellung zu Beobachtung und Dokumentation verändern?

Wen benötige ich dazu (Team, Träger usw.)?

Welche 3 Schritte gehe ich als Nächstes an?

1. Schritt:

2. Schritt:

3. Schritt:

Platz für weitere Notizen:

Vorlage: Beobachtungsnotiz

Beobachtetes Kind	
Beobachter	
Datum	
Uhrzeit	
Beobachtetes Verhalten	

Übung: Mein Bild vom Kind

Malen Sie in diesen Rahmen ein Bild oder ein Symbol für Ihr persönliches Bild vom Kind.

Was ich dazu gern sagen möchte:

Vordruck: Auswertung der Beobachtung nach Lerndispositionen

Name des Kindes ______________________ Datum/Uhrzeit ______________________

Beobachter ______________________

Auswertung zur Beobachtung vom ______________________ um ______________________

Interessiert sein

____

____

____

Engagiert sein

____

____

____

Standhalten

____

____

____

Sich ausdrücken

____

____

____

Lerngemeinschaft

____

____

____

Lernfelder/Bildungsbereiche

____

____

____

Weitere Schritte

____

____

____

Checkliste für das Team: Portfolio Teil 1

Datum: ______________________

Zu klärende Punkte	Geklärt	Klären bis zum …	Setzen wir um? Ja/Nein
Wer trägt die Kosten für das Portfolio (Ordner, Kiste, Fotos, Klarsichthüllen ...)?	☐	______	☐ ☐
Welche technische Ausstattung benötigen wir (Fotoapparat, Laptop, Drucker ...)?	☐	______	☐ ☐
Was muss aufgrund unserer Kita-Konzeption im Portfolio dargestellt werden?	☐	______	☐ ☐
Wie lauten unsere Ziele für das Portfolio?	☐	______	☐ ☐
Wie soll die Gliederung des Portfolios aussehen?	☐	______	☐ ☐
Gibt es einen Namen für das Portfolio?	☐	______	☐ ☐
Wie soll das Layout des Portfolios gestaltet sein?	☐	______	☐ ☐
Wie soll die Organisation und Erstellung von Vorlagen geschehen?	☐	______	☐ ☐
Wie wollen wir die Einleitung und den Abschluss dokumentieren?	☐	______	☐ ☐
Nehmen wir die Erkenntnisse aus strukturierten Beobachtungsverfahren auf?	☐	______	☐ ☐
Schreiben wir Lerngeschichten?	☐	______	☐ ☐
Schreiben wir mit dem PC, mit der Hand oder mit beidem?	☐	______	☐ ☐
Wie soll die methodische Einführung des Portfolios bei den Kindern erfolgen?	☐	______	☐ ☐

Checkliste für das Team: Portfolio Teil 2

Datum: ______________________

Zu klärende Punkte	Geklärt	Klären bis zum …	Setzen wir um? Ja/Nein
Wie soll die zeitliche Gestaltung der Portfolioarbeit erfolgen?	☐	________	☐ ☐
Wie wollen wir die Portfolioarbeit in die Jahresplanung einbinden?	☐	________	☐ ☐
Wie erfolgt die Zuordnung der Kinder zu den Erzieherinnen?	☐	________	☐ ☐
Gibt es einen Ort für die Arbeit mit dem Portfolio (Raum, Schrank, Tisch, Materialien ...)?	☐	________	☐ ☐
Welche Informationen erhalten die Eltern über das Portfolio?	☐	________	☐ ☐
Werden die Eltern an der Portfolioarbeit beteiligt?	☐	________	☐ ☐
Benötigen wir weitere Unterstützung von außen (z. B. schreiben oder fotografieren)?	☐	________	☐ ☐

Weitere Punkte, die besprochen werden sollten:

Portfolio-Vorlage: Eingewöhnung

Meine ersten Tage in der Kindertageseinrichtung

Name: ______________________ Mein erster Tag war am: ______________

Ich wurde begleitet von:

____

____

Ich habe immer Folgendes von zu Hause mitgenommen:

____

____

Ich wurde empfangen von: ______________________________

Das hat mich zu Beginn fasziniert, interessiert:

____

____

Folgendes Kind hat zu mir Kontakt aufgenommen: ______________________

Zu diesem Kind habe ich den ersten Kontakt aufgenommen:

____

____

Meine erste Mahlzeit in der Kindertageseinrichtung:

____

____

Ich bin zum ersten Mal allein in der Kindertageseinrichtung geblieben:

____

____

Portfolio-Vorlage: Das bin ich!

Name: ______________________ Datum: ______________________

So groß bin ich: ______________________

So schwer bin ich: ______________________

Das ist mein Fussabdruck:

Portfolio-Vorlage: Mein Familienstammbaum

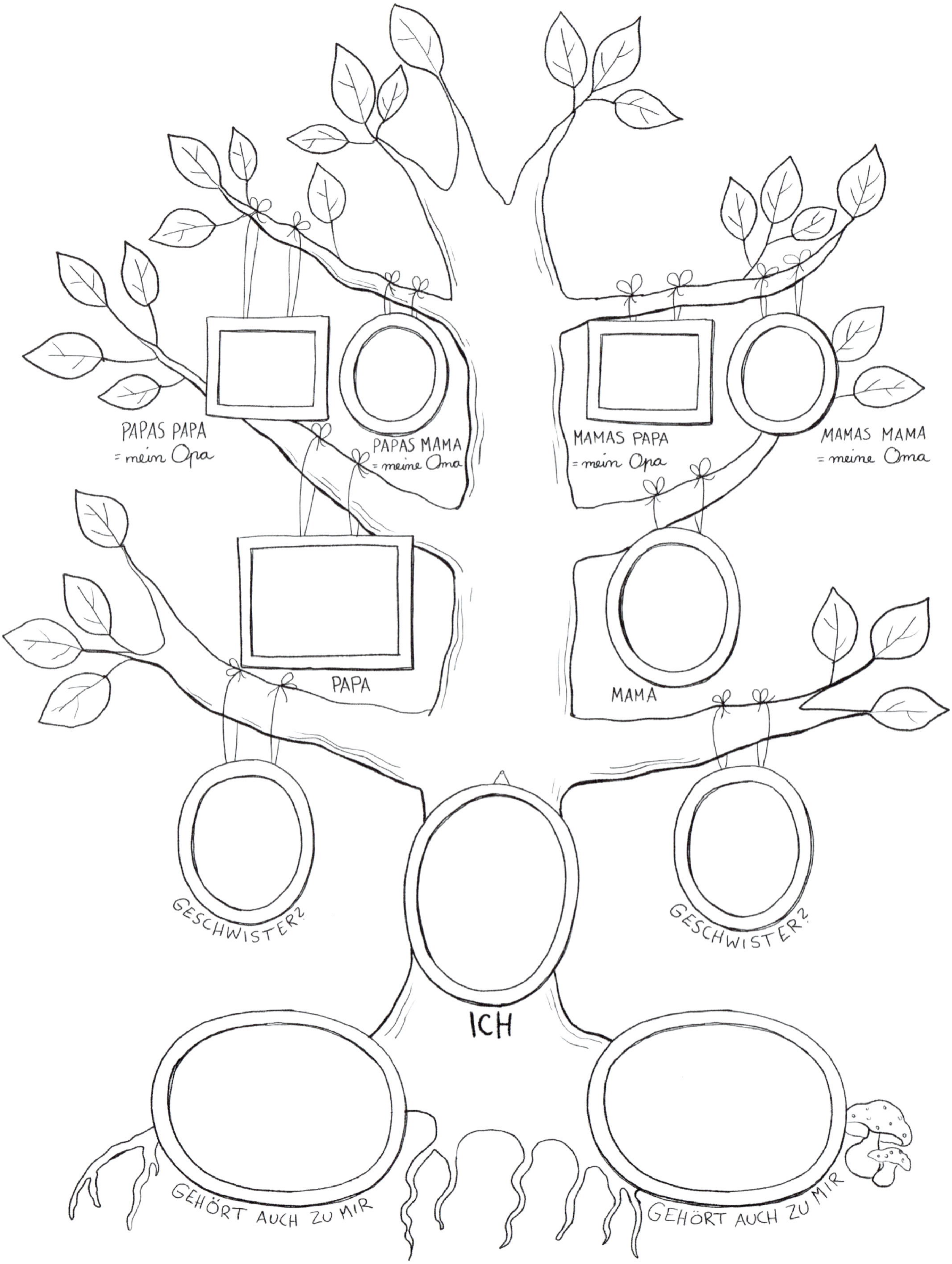

Portfolio-Vorlage: Mein schönster Traum

Portfolio-Vorlage: Meine Lebens-Wunschgeschichte

Liebe/r ________________,
schreibe hier bitte meine Geschichte für mich auf,
wie ich mir mein Leben vorstelle.

Mein Name ist ________________________________

Diese Geschichte habe ich
erzählt am: ______________
Da war ich ____ Jahre alt.

Portfolio-Vorlage: Das kann ich schon!

Name: ______________________ Datum: ______________________

Ich kann schon ______________________

– Hier Foto einkleben –

Hier siehst du mich, wie ich

____

____

____

____

____

____

____

____

Portfolio-Vorlage: Das esse ich am liebsten!

Reflexionsbogen: Meine Dialogkompetenz gegenüber Kindern

Aussage	Über-wiegend	Teil-weise	Kaum
Ich erkenne das verbale Gesprächsangebot des Kindes.	☐	☐	☐
Ich erkenne das nonverbale Gesprächsangebot des Kindes.	☐	☐	☐
Ich rede gern mit den Kindern.	☐	☐	☐
Ich sorge für eine sichere Gesprächsatmosphäre.	☐	☐	☐
Ich liebe es, wenn Kinder das Gespräch initiieren.	☐	☐	☐
Ich bin neugierig auf die Gedanken, Ideen und Äußerungen des Kindes.	☐	☐	☐
Ich setze eigene Gesprächsimpulse.	☐	☐	☐
Ich bin neugierig auf den Ausgang des Gesprächs.	☐	☐	☐
Ich erfahre mit Kindern Neues.	☐	☐	☐
Ich lerne die subjektive Sichtweise des Kindes kennen.	☐	☐	☐
Ich führe mit den Kindern auch nonverbale Dialoge.	☐	☐	☐
Ich halte Blickkontakt mit dem Kind.	☐	☐	☐
Die Themen der Kinder interessieren mich meistens nicht.	☐	☐	☐
Ich kann schlecht zuhören, wenn Kinder langsam sind.	☐	☐	☐
Ich korrigiere Kinder immer, wenn sie etwas Falsches sagen oder tun.	☐	☐	☐
Dem schnellen Themenwechsel von Kindern kann ich nicht folgen.	☐	☐	☐
Ich spiegele das Empfinden der Kinder wider.	☐	☐	☐
Ich schaue das Kind mit „beiden Augen" an und beobachte dabei nicht gleichzeitig andere Kinder.	☐	☐	☐
Ich höre dem Kind mit „beiden Ohren" zu, ohne mit einem Ohr schon bei den anderen Kindern zu sein.	☐	☐	☐
Beim Gespräch gehe ich mit dem Kind auf Augenhöhe.	☐	☐	☐
Oft tue ich nur so, als ob ich Interesse an dem Thema des Kindes habe.	☐	☐	☐
Ich moduliere gern meine Stimme.	☐	☐	☐
Es fällt mir schwer, offene Fragen zu stellen.	☐	☐	☐

Auswertung: Dort, wo Sie „überwiegend" angekreuzt haben, besteht Handlungsbedarf hinsichtlich Ihrer Einstellung. Überlegen Sie im nächsten Schritt: Welche Möglichkeiten haben Sie, dies allein zu verändern? Wann benötigen Sie dazu Ihr Team, Ihre Leitung, Ihren Träger? Verwenden Sie als Hilfestellung den Reflexionsbogen auf S. 80.

L

Literaturverzeichnis

Beiner, Friedhelm:
Was Kindern zusteht: Janusz Korczaks Pädagogik der Achtung.
Inhalt – Methoden – Chancen.
Gütersloher Verlag-Haus, Gütersloh, 2008.

Beller, Kuno; Beller, Simone:
Kuno Bellers Entwicklungstabelle:
Modifizierte Fassung
Beller, Berlin, 2008, 7. Auflage.

Beyer, Andrea u.a.:
Gelsenkirchener Entwicklungsbegleiter.
Dgvt-Verlag, Tübingen, 2004.

Carr, Margaret:
Learning Stories – ein Bildungs- und Lernkonzept aus Neuseeland, in: Neuß, Norbert (Hrsg.):
Bildung und Lerngeschichten im Kindergarten.
Cornelsen Scriptor, Berlin, 2007.

Diözesan-Caritasverband Trier e.V., Abteilung Kindertageseinrichtungen (Hrsg.):
Schau an! Eine Arbeitshilfe zur Beobachtung und Dokumentation in Kindertageseinrichtungen.
Diözesan-Caritasverband Trier e.V., Trier, 2006.

Fuchs, Brigitta:
Maria Montessori – ein pädagogisches Portrait.
Beltz, Langensalza, 2003.

Gardner, Howard:
Frames of Mind:
The Theory of Multiple Intelligences.
Basic Books, United States, 1983.

Haas, Sibylle:
Begeisterung teilen:
Lerngeschichten in die Praxis tragen.
Verlag Das Netz, Weimar, 2016.

Haas, Sybille:
Das Lernen feiern:
Lerngeschichten aus Neuseeland
Verlag Das Netz, Weimar, 2012.

Hebenstreit, Sigurd:
Friedrich Fröbel – Menschenbild, Kindergartenpädagogik, Spielförderung.
IKS Garamond, Jena, 2014, 3. Auflage.

Kazemi-Veisari, Erika:
Kinder verstehen lernen:
Wie Beobachten zu Achtung führt.
Klett Kallmeyer (Seelze-Velber), 2004.

Knauf, Tassilo:
Beobachtung und Dokumentation:
Stärken- statt Defizitorientierung, in:
Textor, Martin R. (Hrsg.): Kindergartenpädagogik: Online-Handbuch.
URL: http://www.kindergartenpaedagogik.de/1319.html

Koglin, Ute; Petermann, Franz; Petermann, Ulrike:
Entwicklungsbeobachtung und -dokumentation EBD 48-72 Monate:
Eine Arbeitshilfe für pädagogische Fachkräfte in Kindergärten und Kindertagesstätten.
Cornelsen Scriptor, Berlin, 2015, 4. Auflage.

Krok, Göran; Lindewald, Maria:
Portfolios im Kindergarten – das schwedische Modell: Lernschritte dokumentieren, reflektieren, präsentieren.
Verlag an der Ruhr, Mülheim an der Ruhr, 2007.

Leu, Hans Rudolf:
Bildungs- und Lerngeschichten: Bildungsprozesse in früher Kindheit beobachten, dokumentieren und unterstützen.
Verlag Das Netz, Weimar, 2007.

Mayr, Toni; Kieferle, Christa; Schauland, Nesiré:
liseb-1 Anfänger: Literacy- und Sprachentwicklung beobachten (bei Kleinkindern).
(Beobachtungsbögen und Begleitheft)
Herder Verlag GmbH, Freiburg, 2014.

Mayr, Toni; Ulich, Michaela:
PERiK: Positive Entwicklung und Resilienz im Kindergartenalltag.
(Beobachtungsbogen und Begleitheft)
Herder, Stuttgart, 2006.

Mechthild Laier (Hrsg.):
Die Sprache der Jüngsten entdecken und begleiten: Sprachliche Bildung und Förderung für Kinder unter Drei.
Videosequenzen aus dem Kita-Alltag. DVD.
Verlag Das Netz, Weimar, 2011.

Pikler, Emmi; Tardos, Anna:
Laßt mir Zeit: Die selbständige Bewegungsentwicklung des Kindes bis zum freien Gehen. Untersuchungsergebnisse, Aufsätze und Vorträge.
Pflaum, München, 2001, 4. Auflage.

Regner, Michael; Schubert-Suffrian, Franziska:
Portfolioarbeit mit Kindern:
Methoden und Ideen.
Herder, Stuttgart, 2011, 1. Auflage.

Schäfer, Gerd E.:
Bildung beginnt mit der Geburt:
Förderung von Bildungsprozessen in den ersten sechs Lebensjahren.
Beltz, Langensalza, 2003.

Scheurl-Defersdorf, Mechthild R. von:
Jedes Wort wirkt: Bewusste Sprache in der Pädagogik.
Lingva Eterna, Erlangen, 2015.

Ulich, Michaela; Mayr, Toni:
SELDAK: Sprachentwicklung und Literacy bei deutschsprachig aufwachsenden Kindern.
(Beobachtungsbogen und Begleitheft)
Herder, Freiburg, 2006.

Ulich, Michaela; Mayr, Toni:
SISMIK: Sprachverhalten und Interesse an Sprache bei Migrantenkindern in Kindertageseinrichtungen.
Begleitheft zum Beobachtungsbogen SISMIK.
Herder, Stuttgart, 2004.

Zur Autorin

Verena Heringer

ist Expertin für Kinderbetreuung und Familienfragen und arbeitet seit vielen Jahren erfolgreich an der Kindergartenakademie als Dozentin für Erzieherinnen und Erzieher. Durch ihre fundierte pädagogische Ausbildung und langjährige Erfahrung als Erzieherin und Sozialpädagogin kennt sie die Anforderungen an Kindertageseinrichtungen und kann ihnen Chancen für Verbesserungen aufzeigen. Frau Heringer hat es sich als persönliches Ziel gesetzt, Erzieherinnen und Erzieher bei der Erweiterung ihrer Professionalität und Fachkompetenz zu unterstützen.

Nachgefragt

Welches Buch liegt gerade auf Ihrem Nachttisch?

Ich habe nicht nur ein Buch am Bett liegen, sondern direkt zwei: *Carmen Korn, Zeitenwende*. Dies ist der dritte Band einer Trilogie, die die Freundschaft von vier Frauen mit ihren Familien in einem Jahrhundert bewegter und bewegender deutscher Geschichte unterhaltsam beschreiben. Dann liegt noch das Fachbuch von *Bernd Rudow, Beruf Erzieherin/Erzieher – mehr als Spielen und Basteln* an meinem Bett. Er stellt mit diesem Buch die anspruchsvolle Tätigkeit der Erzieherinnen und Erzieher aus vorrangig arbeits- und organisationspsychologischer Sicht dar. Höchst spannend!

Gibt es einen Menschen, den Sie bewundern?

Frida Kahlo, eine sehr bekannte mexikanische Malerin, die ein außergewöhnlich bewegtes Leben führte. Sie lebte mit ihrer schweren Krankheit, mit Eheproblemen und engagierte sich lange auch politisch. Mit viel Disziplin und Ehrgeiz gestaltete sie ihr Leben und nutzte die Malerei, um ihr Leben zu bearbeiten. Sie war beständig, selbstbewusst und ehrgeizig.

Welchen Traumberuf hatten Sie in Ihrer Kindheit?

Ich konnte mir keinen anderen Beruf vorstellen als den der Lehrerin. Dann durfte ich, im Nachhinein zum Glück, kein Abitur machen und ergriff den Beruf der Erzieherin, ohne zu wissen, was mich erwartete. Ich gehöre zu den Menschen, die daraus in der Berufsbiografie, mit sehr vielen Möglichkeiten des Lernens und Studierens sowie sehr anregenden Begleitern, den Traumberuf machen durften.